Schriften der Katholischen Akademie in Bayern
Herausgegeben von Franz Henrich
Band 117

Patmos Paperback

Wege zur Wahrheit

Die bleibende Bedeutung von Romano Guardini

Herausgegeben von Joseph Cardinal Ratzinger

Mit Beiträgen von
Eugen Biser, Hanna-Barbara Gerl, Franz Henrich,
Hermann Kunisch und Joseph Cardinal Ratzinger

Patmos Verlag Düsseldorf

CIP – Kurztitelaufnahme der Deutschen Bibliothek

Wege zur Wahrheit : d. bleibende Bedeutung von
Romano Guardi /
hrsg. von Joseph Cardinal Ratzinger.
Mit Beitr. von Eugen Biser . . . –
1. Aufl. – Düsseldorf : Patmos Verlag, 1985.
(Schriften der Katholischen Akademie in Bayern;
Bd. 117) (Patmos Paperback)
ISBN 3-491-77633-3
NE: Ratzinger, Joseph [Hrsg.]; Biser, Eugen [Mitverf.];
Katholische Akademie in Bayern ⟨München⟩:
Schriften der Katholischen . . .

1. Auflage 1985
Umschlaggestaltung: Peter J. Kahrl
Gesamtherstellung: Gebr. Rasch, Bramsche
ISBN 3-491-77633-3

Inhalt

Vorwort

Als sich die Katholische Akademie in Bayern für eine Festakademie aus Anlaß des 100. Geburtstags von Romano Guardini entschied, war noch keineswegs abzusehen, wie das Ganze ausgehen werde. Konnte eine solche Veranstaltung mehr sein als ein pietätvoll abgestellter Blumenstrauß auf einem nicht mehr ganz frischen Grab? Sie wurde mehr und anderes – ein Dialog mit einer lebendigen Stimme, die uns nach zeitweiligem Verstummen heute ganz neu berührt. Der Andrang der Besucher galt nicht einem musealen Gedenken; er war – wie damals bei Guardinis Vorlesungen und Predigten – Ausdruck eines Fragens und einer Hoffnung. Guardini, der „Selbstdenker", hatte nie „Wissenschaftlichkeit" um ihrer selbst willen gesucht; er hatte einfach mit allem Ernst und aller Redlichkeit danach gefragt, was wahr ist und was not tut. Mit dieser Frage, die niemand gänzlich unterlassen kann, waren die Menschen zu ihm gekommen; zugleich mit der Hoffnung, ein Stück Antwort darauf zu erhalten. Weil es so war, ist mit Guardini – wie H. Kuhn festgestellt hat – das seit langem nicht erhörte Ereignis eingetreten, daß ein großer Lehrer der Kirche auch ein großer Lehrer der Welt wurde.

Die Vorträge der Festakademie vom 2. Februar 1985 in München, die in diesem kleinen Buch gedruckt vorgelegt werden, verfolgen allesamt keine andere Absicht, als zum Gespräch mit Guardini selbst hinzuführen. Ihr schönster Erfolg wäre es, wenn sie Anstoß für eine Gesamtausgabe der weithin vergriffenen Werke des Meisters werden könnten, die heute von neuem Kirche und Welt gleichermaßen herausfordern, weil sie ohne gelehrte Umwege von dem reden, was uns alle angeht.

Rom, am Fest des hl. Bonaventura 1985 JOSEPH RATZINGER

Franz Henrich

Leben, Persönlichkeit und Charisma Romano Guardinis

Es ist jeweils ein Wagnis, über einen anderen Menschen etwas Gültiges aussagen zu wollen. Das Wagnis aber wird zum Abenteuer, wenn man versucht, etwas über Leben, Persönlichkeit und Charisma Romano Guardinis zu sagen. Hunderte haben dies vor mir versucht: bei Geburtstagen und Ehrungen, bei Guardinis Tod 1968 und bei darauffolgenden Gedenktagen.[1] Es ist keine falsche Demutsübung, wenn ich vorweg gestehe, daß ich die gestellte Aufgabe nicht meistern konnte, und zugebe, daß ich über dieses Thema nicht ohne innere Erregung und auch Emotion reden kann.

Neues wäre zu meinem Thema nicht zu sagen, wenn Romano Guardini selbst nicht Neues gesagt hätte: in seinen eben aus dem literarischen Nachlaß von mir herausgegebenen autobiographischen Aufzeichnungen „Berichte über mein Leben"[2], die bruchstückhaft den Weg Guardinis bis zu seinem 60. Lebensjahr (1945) vor Augen führen, sowie in seinen von Felix Messerschmid 1980 edierten Tagebuchnotizen „Wahrheit des Denkens und Wahrheit des Tuns"[3], welche ebenfalls nur in Bruchstücken, aber in authentischen Bruchstücken, die Jahre danach bis 1964 betreffen. Sich fast ausschließlich auf diese authentischen Texte zu verlassen, war die Entscheidung des Referenten; sie bewahrte ihn angesichts des unübersehbaren

1 Eine detaillierte Übersicht über Romano Guardinis Werke, Veröffentlichungen über Guardini und Rezensionen gibt: Bibliographie Romano Guardini (1885–1968), erarbeitet von Hans Mercker, hrsg. von der Katholischen Akademie in Bayern, Paderborn 1978.

2 *R. Guardini,* Berichte über mein Leben. Autobiographische Aufzeichnungen. Aus dem Nachlaß hrsg. von Franz Henrich, Düsseldorf 1984 (im folgenden zitiert als „Berichte").

3 Wahrheit des Denkens und Wahrheit des Tuns. Notizen und Texte 1942–1964. Aus nachgelassenen Aufzeichnungen hrsg. von Felix Messerschmid, Paderborn 1980 (im folgenden zitiert als „Notizen").

Materials bei der Vorbereitung dieses Beitrags vor der Verzweiflung.

Ich selbst habe Romano Guardini während meines Theologiestudiums in München in den Jahren 1955 bis 1957 sowohl am Pult des Audimax der Universität wie auf der Kanzel der Universitätskirche St. Ludwig gehört. In intensiven Studien Anfang der sechziger Jahre bin ich auf ihn gestoßen, als mein Lehrer Joseph Pascher mir das Dissertationsthema „Die katholische Jugendbewegung und die liturgische Bewegung"[4] aufgab. Es bleibt für mich eine unvergeßliche Stunde, als ich Romano Guardini wenige Wochen vor seinem Tod meine Dissertation als Buch in seiner Wohnung überreichen durfte. Zusammen mit Frau Clara Chrzanowski, seiner Sekretärin, und Frau Maria Parzinger, seiner Hausdame, mußte man damals auf einen guten Tag warten, an dem die Nervenschmerzen etwas erträglicher für ihn waren. Ich traf ihn in seinem Arbeitszimmer, das nur aus Bücherwänden zu bestehen schien, neben seinem dunklen Schreibtisch stehend, mit einer Hand sich leicht darauf abstützend. Die Gestalt war etwas gebeugt, das Gesicht zusammengezogen von den Schmerzen, die Stimme noch leiser als gewohnt. Aber Guardini war hellwach in seinen blitzenden Äuglein und in seinen Fragen. Ein Anflug von strahlender Freude kam über sein Gesicht, als der um fast 50 Jahre jüngere Gast, eben vom Jugendseelsorger in Ludwigshafen am Rhein zum Akademiedirektor in München ernannt, sich bedankte für das Lebenswerk Guardinis, vor allem für die katholische Jugendbewegung und den ihr zu verdankenden Aufbruch in der Kirche. Ganz schnell war sein Gesprächsfaden beim zentralen Thema seines Lebens: wie heute der Glaube zu verkünden sei. Zum Abschied schenkte er mir einen Apfel. Felix Messerschmid erklärte mir später, daß dies eine sehr große Auszeichnung war, die Guardini nur nach einem guten Gespräch zu vergeben pflegte. Es war damals noch nicht zu

4 Die Arbeit erschien 1968 im Kösel-Verlag, München, unter dem Titel „Die Bünde katholischer Jugendbewegung. Ihre Bedeutung für die liturgische und eucharistische Erneuerung".

ahnen, daß ich wenige Jahre später Vorsitzender der Nachlaßkommission und Verwalter aller Autorenrechte Guardinis sein sollte.

Wenn wir daran gehen, diesen großen geistlichen Lehrer einer vom Weg abgekommenen Generation nach dem Ersten Weltkrieg sowie einer geschlagenen und suchenden Generation nach dem Zweiten Weltkrieg vor uns lebendig werden zu lassen und ihn zu würdigen, so kann man vorweg sagen: Romano Guardini ist ein Jahrhundertgeschenk Gottes! Ich kenne keinen Mann der Kirche unseres Jahrhunderts, von dem so viele behaupten, er habe ihr Leben geprägt.[5]

Wer ist dieser Romano Guardini? Diese Frage beschäftigt ihn selbst in einem Brief an Johannes Spörl: „So wird man einmal wissen wollen, wer der Mann war, der da geredet und geschrieben hat; und da wäre es mir denn doch lieb, wenn das Bild einigermaßen richtig geriete. Also werde ich wohl gut tun, selbst etwas zu meiner Person und Sache zu sagen."[6] Guardini führt nicht irgendein Tagebuch, bringt nicht irgendwelche autobiographischen Aufzeichnungen zu Papier, sondern zeichnet seinen inneren Entwicklungsprozeß nach und stellt sich die Frage – er nimmt sie „aus einem Traum",[7] denn Träume haben bei ihm eine ganz große Bedeutung –, welches denn wohl das Wort sei, das ihm der Schöpfer mitgegeben habe, das „Paßwort"[8] zu allem, was in seinem Leben geschah, ob er es verstanden habe und mit diesem Wort ins Einvernehmen gelangt sei. Es komme alles darauf an, daß der Mensch das ihm zugesprochene „Paßwort" verstehe und mit ihm ins Einvernehmen komme. So spürt er sein Leben lang seiner inneren Sinnlinie nach, mit Mut und in Angst, diese Linie ja nicht zu verfehlen. Er wußte um die Grenzen des Versuchs, sich selbst zu begreifen: Wir haben die Tatsache vergessen, „daß erst das ewige Leben mir die Erkenntnis geben wird, ‚wer' ich bin und ‚was'

5 Zur Predigttätigkeit Romano Guardinis in der Münchener Universitätskirche St. Ludwig vgl. „Wahrheit und Ordnung", Heft 1–33, Würzburg 1956–1959.
6 EIN BRIEF ZUR EINLEITUNG an Johannes Spörl, in: Berichte 16.
7 Vgl. AUS EINEM TRAUM, ebd. 20.
8 Ebd.

ich bin"[9]. Wagen wir dennoch einen Versuch der Information und der annähernden Beschreibung. Dem ersten Beitrag im Rahmen dieser Festakademie kommt ja auch die Pflicht zu, vorzuarbeiten für die nachfolgenden Referenten.

Betrachten wir zunächst die wichtigsten Lebensdaten und -abschnitte Romano Guardinis. Der erste Zeitabschnitt reicht von der Geburt bis zur Berufssuche. Geboren wurde er am 17. Februar 1885 in Verona. Sein Vater war italienischer Geflügelgroßhändler, seine Mutter stammte aus Südtirol. Er hatte drei Brüder. Ein Jahr nach Romanos Geburt, 1886, siedelte die Familie nach Mainz um. Dort besuchte er die Volksschule und das Gymnasium. Im Jahre 1903 legte er die Reifeprüfung in Mainz ab und begann zu studieren, zunächst Chemie in Tübingen, dann Nationalökonomie in München. So kam er 1904 zum ersten Mal in diese Stadt. Das Studium der Nationalökonomie setzte er 1905 in Berlin fort.

Ein zweiter Zeitabschnitt umfaßt die Jahre seines Theologiestudiums bis zum Tod des Vaters. Im Jahre 1906 begann er das Theologiestudium in Freiburg und setzte es 1907/1908 in Tübingen fort, was für ihn der wichtigste Studienort war. Hier begegnete er seinem Lehrer, dem Dogmatiker Wilhelm Koch, und seinen Freunden Josef Weiger und Karl Neundörfer. In dieser Zeit auch kam es zu einer ersten und tief beeindruckenden Begegnung mit der großartigen Liturgie der Benediktiner in Beuron. Die wirkliche Berufsentscheidung fiel erst in dieser Zeit des Studiums. Im Jahre 1908 trat er ins Priesterseminar in Mainz ein. Nach der Priesterweihe (1910) wirkte er als Kaplan der Diözese Mainz an mehreren Seelsorgsstellen: in Heppenheim, Darmstadt, Worms und Mainz. Er mußte häufig wechseln, der arme Kaplan Guardini! 1912 erfolgte seine Beurlaubung zum Weiterstudium nach Freiburg; er sollte in Theologie promovieren. Er traf in Freiburg auf die Mitstudenten Joseph Frings und Martin Heidegger. Durch einen Freund nach Schle-

9 Notizen 135.

sien gekommen, traf er 1913 in Neiße auf einen der geistlichen Väter der katholischen Jugendbewegung, Bernhard Strehler. Diese Begegnung hatte Rückwirkungen auf Guardinis Jugendarbeit in Mainz, vor allem im Schülerbund Juventus, einer Vereinigung katholischer Gymnasiasten. Im Jahr 1915 promovierte er mit einer Arbeit über „Die Lehre des heil. Bonaventura von der Erlösung"[10]. Danach wirkte er wieder als Kaplan an vielen Stellen. Im Ersten Weltkrieg, in den Jahren 1916 bis 1918, leistete er Militärdienst als Krankenwärter. Danach nahm er erstmals Verbindung mit der Abtei Maria Laach auf. 1918 erschien sein erstes großes, seinem Namen zum Durchbruch verhelfendes Bändchen: „Vom Geist der Liturgie"[11]. Nach dem Tod des Vaters 1919 wurde die elterliche Wohnung in Mainz aufgelöst; die Mutter kehrte nach Italien zurück. Gegen den Willen der Eltern hatte er die deutsche Staatsangehörigkeit angenommen, um überhaupt Religionsunterricht geben zu dürfen.

Der dritte wichtige Lebensabschnitt Guardinis ist sein Weg zur Universität: die Habilitation, sein Wirken in Berlin und in der Jugendbewegung. In dieser Zeit wurde sein großes Werk grundgelegt. 1920 wurde er beurlaubt zur Habilitation; er ging nach Bonn, wo ihm Max Scheler ein guter Ratgeber war. Ostern 1920 und vor allen Dingen im Sommer dieses Jahres knüpfte er die ersten Kontakte zum Quickborn auf Burg Rothenfels. Dort begegnete er u. a. Josef Pieper, Heinrich Kahlefeld und Walter Dirks. Im Jahr 1922 habilitierte er sich für das Fach Katholische Dogmatik an der Universität Bonn. Als Privatdozent begegnete er dort Martin Buber. Mit einem Lehrstuhl in Bonn wurde es nichts Rechtes. Im Frühjahr 1923 erhielt Guardini die Berufung auf den neu errichteten Lehrstuhl für Religionsphilosophie und katholische Weltanschau-

10 *R. Guardini,* Die Lehre des heil. Bonaventura von der Erlösung. Ein Beitrag zur Geschichte und zum System der Erlösungslehre, Düsseldorf 1921.

11 *R. Guardini,* Vom Geist der Liturgie, 1. Aufl., Freiburg 1918. Erstes Bändchen der von Abt Ildefons Herwegen herausgegebenen Reihe „Ecclesia Orans". Es folgten weitere 18 Auflagen.

ung an der – man darf es vielleicht historisch getreu auch so sagen: preußisch-protestantischen – Universität Berlin. Hier traf er auf Rudolf Schwarz, Felix Messerschmid und Dieter Sattler. Er wurde Mitherausgeber der Quickborn-Zeitschrift „Die Schildgenossen“[12]. 1925 begegnete ihm auf der Burg zum ersten Mal Eugen Jochum, und Eugen Jochum fand dort seine Frau Maria; später sollte Romano Guardini Taufpate der Jochum-Tochter Romana sein.[13] Im August desselben Jahres traf ihn ein fürchterlicher Schlag: Sein Schul- und Studienfreund Karl Neundörfer verunglückte tödlich in den Bergen. Im Jahr 1927 wurde er zum Bundesleiter des Quickborn und zum Leiter der Burg Rothenfels gewählt – er, der Professor aus Berlin. Als Stellvertreter stand ihm Heinrich Kahlefeld zur Seite. In diesen Jahren kam es zur Begegnung mit Hermann Kunisch. In Berlin baute ihm Rudolf Schwarz ein erstes Heim; sein Leben lang hat er sich immer wieder danach gesehnt, eine ihm entsprechende alte Wohnung und einen warmen Anzug zu haben.[14] 1939 wurde er von den Nazis zwangspensioniert. Die Burg wurde geschlossen. Alle Dokumente und Unterlagen mußten in Eile verbrannt werden, um sie vor dem Zugriff der Gestapo zu bewahren; Walther Baier, Rolf Ammann und Felix Messerschmid halfen ihm dabei. Die Zeitschrift „Die Schildgenossen“ wurde verboten. Er erhielt Redeverbot. Als im Sommer 1943 die Zivilisten aufgefordert wurden, Berlin zu verlassen, zog er zu seinem Freund, dem Pfarrer Josef Weiger, ins Allgäu, nach Mooshausen, und fand dort Zuflucht. Hier traf er auf einen neuen Freundeskreis – genannt seien nur Joseph Bernhart und Kapuzinerpater Manfred Hörhammer. In Mooshausen entstanden in den Jahren 1943 bis 1945 Guardinis autobiographische Aufzeichnungen.

12 Die Schildgenossen. Zeitschrift aus der katholischen Lebensbewegung, Rothenfels 1924ff. Von Jg. 8, 1928 bis Jg. 9, 1929 erschienen unter dem Titel: Die Schildgenossen. Zweimonatsschrift aus der katholischen Lebensbewegung. Zwangsweise eingestellt mit Jg. 20, 1941.

13 Vgl. *D. Heiser,* Ein Leben für die Musik, in: „Süddeutsche Zeitung“ vom 3. 1. 1985, IV.

14 Vgl. Berichte 73.

Der letzte große Lebensabschnitt Guardinis ist die Zeit seiner öffentlichen Wirksamkeit nach dem Zweiten Weltkrieg in Tübingen und München. 1945 wurde er auf Veranlassung des württembergischen Kultusministers Carlo Schmid auf den Lehrstuhl ad personam für Religionsphilosophie und Christliche Weltanschauung an der Universität Tübingen berufen. 1948 erfolgte der Ruf nach München, auf den Lehrstuhl ad personam für Religionsphilosophie und Christliche Weltanschauung. Dieter Sattler, Johannes Spörl und Felix Messerschmid waren bei dieser Berufung nicht untätig geblieben. In München traf Guardini auf Michael Schmaus, Theoderich Kampmann und viele andere. An herausragender Stelle in der Reihe seiner Freunde ist Ernst Tewes zu nennen. Guardini entfaltete eine unermüdliche Vorlesungs- und – in St. Ludwig, sonntags um 11 Uhr – Predigttätigkeit. 1952 wurde ihm der Friedenspreis des Deutschen Buchhandels verliehen. Mit 67 Jahren wurde er im gleichen Jahr Päpstlicher Hausprälat. Die Freiburger Universität verlieh ihm 1954 die Ehrendoktorwürde. Er wurde 1956 Ehrenbürger der Stadt Verona. Am 1. Februar 1957 hielt er den Festvortrag zum Thema „Die Kultur als Werk und Gefährdung“[15] bei der Gründung der Katholischen Akademie in Bayern, damals in der Münchener Universität. 1958 wurde er Mitglied der Friedensklasse des Ordens „Pour le Mérite“. Im Jahre 1962 erhielt er den Erasmus-Preis. Im gleichen Jahr wurde er aus gesundheitlichen Gründen emeritiert. Zu Guardinis 80. Geburtstag fand 1965 ein großer Festakt in der Universität München statt, mit Überreichung der von der Katholischen Akademie in Bayern herausgegebenen Festschrift „Interpretation der Welt“[16].

In seinem letzten Lebensjahr 1968 unternahm Guardini zusammen mit Frau Maria Parzinger, Frau Clara Chrzanowski

15 Erstmals erschienen 1957 im Werkbund-Verlag, Würzburg. Wiederveröffentlicht in: *K. Forster* (Hrsg.), Eröffnungsvorträge der Katholischen Akademie in Bayern (Bd. 1 der Schriftenreihe der Katholischen Akademie in Bayern), Würzburg 1958.

16 Interpretation der Welt. Festschrift für Romano Guardini zum achtzigsten Geburtstag, hrsg. von *H. Kuhn, H. Kahlefeld* und *K. Forster* in Verbindung mit der Katholischen Akademie in Bayern, Würzburg 1965.

und seinem Arzt Dr. Franz Riedweg noch einmal eine Reise nach Italien, nach Isola Vicentina, dem Familiensitz. Dort gibt es eine Gedenktafel, die besagt, daß die meisten Ideen Guardinis hier entstanden und gereift sind, daß somit fast alle seine Vorlesungen und Bücher hier konzipiert worden sind. Am 1. Oktober 1968 wurde er in der Nachbarschaft der Katholischen Akademie in Bayern in die Decker-Klinik eingeliefert und starb am Abend als 83jähriger. Kardinal Julius Döpfner hielt das Requiem in St. Ludwig, Regionalbischof Ernst Tewes geleitete ihn zur letzten Ruhe auf dem Priesterfriedhof des Oratoriums in München, St. Laurentius.

In einem zweiten Schritt sollen nun aus der Sicht Guardinis einzelne, ausgewählte Abschnitte seines Lebens beleuchtet werden.

Über die Zeit seiner Kindheit im Elternhaus und seine Jugendzeit sagt er: Wir wurden „sehr streng, richtiger gesagt, altmodisch erzogen... Von Selbständigkeit war keine Rede... So wuchsen wir ganz im Hause auf... Praktisch gesprochen, gingen wir zu niemand, und niemand kam zu uns. Die Wirkung war, daß ich von den Dingen des Lebens... so gut wie nichts erfuhr... Mein Vater lebte eigentlich überhaupt nicht mit uns... wir bekamen ihn kaum zu sehen".[17] Beide Eltern waren gläubig, wenn auch jeweils mit einem skeptischen Einschlag, die Mutter fromm und unübersehbar antiklerikal. Romano selbst schreibt über seine sich entwickelnde Religiosität: Sie „hat... bis tief in mein Universitätsstudium unter einem Druck gestanden. Ich war immer ängstlich und lange Jahre hindurch sehr skrupulös... Hinzu kam eine Neigung zur Schwermut".[18] Wenn es in diesen autobiographischen Aufzeichnungen ein wirklich erschütterndes Zitat gibt, dann dieses: „Das Gefühl der glücklichen Kindheit und den Wunsch, in sie zurückzukehren, habe ich nie gehabt. Ich möchte in meine Kindheit nicht zurückkehren."[19]

17 Berichte 58f. 18 Ebd. 61. 19 Ebd.

Vor das Problem der Berufswahl gestellt, wußte Guardini nicht, was tun. Wie kann man nur „über sich selbst so unklar sein“[20]? Weder Beruf noch Priestertum sind ihm in den Schoß gefallen. „Ich wußte nicht, was ich tun sollte.“[21] „Ich wußte im Grunde genommen nicht, was man tun könne.“[22] Ein Klassenkamerad wurde Chemiker – „und so wurde ich es auch“[23]. Ein Klassenkamerad studierte Staatswissenschaften – „und (ich) erklärte meinem Vater, ich wolle das studieren“[24]. Er war „hilflos vor Leben und Wissenschaft“[25]. Manche würden einen solchen jungen Mann heute vielleicht vorschnell als ‚verkrachte Existenz‘ bezeichnen.

Im Jahre 1904 kam Guardini nach München. Auch dort studierte er nicht das, was er belegt hatte. Aber er fand endlich Freunde, fand Kontakte zu Kunsthistorikern, Literaturhistorikern und Schriftstellern. Hier in München geriet er in eine schwere religiöse Krise, machte aber auch darin die erste, sein Leben bestimmende glückliche Erfahrung mit dem Wort des Neuen Testaments. Wer seine Seele „hergibt, wird sie gewinnen“ (Mt 10,39), das hieß für ihn: Wer zur Wahrheit will, muß sich hergeben.[26] Er ging in dieser Zeit der Krise nach Berlin, wandte sich dort mehr den Konzerten und dem Theater als der Nationalökonomie zu. Als auch dieser Studiengang scheiterte, erwog er, Mediziner zu werden. Doch dann kam der Durchbruch: „Du könntest Priester werden!“[27] So begann er 1906 das Theologiestudium in Freiburg. Dort, während dieses Studiums, erfaßte ihn plötzlich eine fast unüberwindliche Abneigung gegen den priesterlichen Beruf. Noch immer war das ihm Eigenste nicht in ihm wach geworden.[28] Erst Tübingen, wo er das Theologiestudium fortsetzte, brachte ihm innere Sicherheit und Befreiung. Sein Lehrer Wilhelm Koch befreite ihn von seiner Skrupulosität. Es muß etwas Unglaubliches für ihn gewesen sein: Hier erlebte er ein offenes und ehrliches Anspre-

20 Ebd. 57.
21 Ebd. 65.
22 Ebd. 62.
23 Ebd.
24 Ebd. 65.
25 Ebd. 66.
26 Vgl. ebd. 71.
27 Ebd. 75.
28 Vgl. ebd. 78.

chen der Probleme. Er nennt diese Semester in Tübingen die glücklichsten und fruchtbarsten seiner ganzen Studienzeit.[29]

Dann schildert Guardini die Zeit seiner Ausbildung im Mainzer Priesterseminar. Diese „Erziehung (ruhte) auf einem System des Mißtrauens und der Beaufsichtigung, das bis ins Einzelne ging".[30] „Im allgemeinen aber lag es (das Seminar) als Druck auf mir. Es ist nicht zufällig, daß ich dort magenleidend geworden und es von da ab durch mein ganzes Leben geblieben bin."[31] Er beklagt den Mangel an aufrechtem, offenem, geradem Wesen. 35 Jahre danach schreibt er als fast 60jähriger, daß er noch nicht darüber hinweggekommen sei. Er erlebte ein Seminar, das sich gegen „jede Bewegung ins Weite und Freie, jede geistige Selbständigkeit, jede echte Auseinandersetzung mit der Zeit"[32] stellte.

Zum Lebensabschnitt der Berufssuche gehören auch die drei Anläufe zur Promotion. Dreimal suchte Guardini nach einem Thema, fast parallel zu den Studiengängen. Im Jahre 1915 schaffte er die Promotion – im Examen mußte er sich bis zur körperlichen Erschöpfung anstrengen –, 1922 dann die Habilitation in Bonn. Letztere hat im Hinblick auf die Suche nach dem Thema weniger dramatische Umwege aufzuzeigen. Vielleicht ist Guardini überhaupt nur deshalb zur Habilitation beurlaubt worden, weil er testen wollte, wie es um die Einlösung des ihm von der kirchlichen Behörde gegebenen Versprechens stand, nach der Promotion am Mainzer Priesterseminar dozieren zu dürfen.[33]

Ein wichtiger Abschnitt im Lebensweg Guardinis ist seine Begegnung mit der Jugendbewegung. Wir müssen uns vergegenwärtigen, was diese für den jungen Mann, der keine Erfahrungen und keinen Kontakt hatte mit den Menschen und der Alltagswirklichkeit, bedeutete. Er hatte etwas aufzuholen, was ihm im Kindes- und Jugendalter vorenthalten worden war. Und nun geriet er sogleich in den Pfingststurm der Jugendbe-

29 Vgl. ebd. 79.
30 Ebd. 92.
31 Ebd.
32 Ebd. 29.
33 Vgl. ebd. 103.

wegung hinein. Trotz des Unverständnisses vieler Professoren-Kollegen hat er über fast fünfzehn Jahre seiner Lehrtätigkeit hinweg seine ganze freie Zeit, die ganzen Semesterferien dieser Jugend gewidmet. „Für meine seelsorgliche Arbeit" wurde die Begegnung mit Rothenfels im Jahre 1920 „so wichtig . . . wie kaum etwas anderes sonst"[34]. Diese Begegnung verlief so, daß beide Seiten davon Früchte trugen: Guardini hat der Jugendbewegung Unendliches geschenkt; sie aber hat ihn in die Fülle, in die Mitte des Lebens geführt.[35] Zudem bot die Begegnung mit der Jugendbewegung Guardini die Möglichkeit, den schon gefundenen Kontakt mit den Anliegen der Liturgischen Bewegung, über die Theorie hinausgehend, in der Gemeinschaft junger Menschen Realität werden zu lassen.

Das wohl größte Geschenk aber, das Guardini der Jugendbewegung gebracht hat, war, daß er sie über Jugendbewegung und Liturgische Bewegung hinaus zu einer religiös motivierten Kulturbewegung gemacht hat.[36] Ihm konnte man nicht das Klischee von Gitarre, Reigentanz und Sentimentalität anhängen. Guardini kam als gottbegnadeter Kopf in die Jugendbewegung. Nach Rothenfels war er mit der bangen Befürchtung gegangen, es werde dort viel Gefühl und Schwärmerei dabei sein, „die Religion (werde) dort droben arg romantisch sein"[37]. Doch entgegen seiner Erwartung stieß Guardini auf eine Jugend, deren zentrale Ziele die religiöse Erneuerung und die Wiederentdeckung der Kirche als Gemeinschaft waren. Schon sein erstes Dabeisein führte, so berichteten es Teilnehmer, zu unbeschreiblichen Erlebnissen. „In einer Ecke des Rittersaales saßen wir im Viereck, und am Boden in der Mitte brannte eine Kerze."[38] Guardini saß unter ihnen und sprach über die Dreifaltigkeit und die evangelischen Räte. Er selbst berichtete spä-

34 Ebd. 104.

35 Vgl. *F. Henrich,* Die Bünde katholischer Jugendbewegung. Ihre Bedeutung für die liturgische und eucharistische Erneuerung, München 1968, 86.

36 Vgl. ebd. 91.

37 *H. Hoffmann* (Hrsg.), Wehender Geist. Der zweite deutsche Quickborntag, Rothenfels 1920, 87f.

38 Ebd. 85.

ter begeistert darüber und hat nie Abstriche machen lassen von dem Erlebnis der Gemeinschaft auf der Burg Rothenfels und von der Entdeckung, daß Religion und Glaube keine erzwungene Pflichterfüllung sein dürfen, sondern aus schöpferischem Großmut gelebt werden sollen, daß man den Menschen nicht aufteilen dürfe in einen profanen und einen religiösen, sondern die Wiederherstellung der Einheit beider Bereiche das Ziel sei. Er sprach später von dem ‚unaussprechlichen Zauber jener Tage' und davon, „daß hier eine gesunde, an Kraft und geistiger Spannung überreiche Jugend ganz in schlichte, tiefe Frömmigkeit eingetaucht war"[39].

Am Rande sei erwähnt, daß dieser unvergleichliche Aufbruch zu religiöser Erneuerung in der katholischen Jugendbewegung damals auf große Gegnerschaft, auf massive Anfeindungen gestoßen ist. Die meisten Bischöfe waren zurückhaltend, wenn nicht ausdrücklich gegen die Experimente des Quickborn eingestellt. „Eines erfüllt uns mit Zorn und Scham, daß wir soviel kostbare Kraft und soviel gutes Vertrauen haben verbrauchen müssen im Kampf gegen Entstellung, Verleumdung und Mißdeutung!"[40] Aber es ist nicht immer bei diesen Mißdeutungen geblieben. Wie ein Kind freute sich Guardini als fast 60jähriger darüber, daß die Kirche mehr und mehr begann, das zu würdigen, was in der Jugendbewegung geschehen war – u. a. im Hinblick auf die Liturgie, die Erneuerung der Karwoche z. B. – und auch seinen Anteil daran. Zu nennen sind hier auch Namen wie Werner Becker, Alois Johannes Lippl, Karlheinz Schmidthüs, Hans Waltmann, Otto Spülbeck, Paula Linhart und viele andere.

Als Guardini vor die Entscheidung gestellt war: ordentliche Professur an der Universität Bonn oder weitere Mitarbeit im Quickborn – entschied er sich für letzteres. Erinnern wir uns heute an solche Vorgänge, nicht um auf jene Zeit zu schimpfen,

39 *R. Guardini,* Quickborn – Tatsachen und Grundsätze. Heft 1 der Reihe „Aus dem Ringen der Zeit", Rothenfels 1921, 20.

40 Aus der Begrüßungsansprache Romano Guardinis zum dritten Quickborntag 1921 auf Burg Rothenfels. Vgl. *H. Hoffmann* (Hrsg.), Des Königs Banner. Der dritte deutsche Quickborntag, Rothenfels 1921, 22.

sondern um sie – heilsam für die Gegenwart – besser verstehen zu können. Wer damals die Zeitschrift „Hochland“ las, galt als liberal.[41]

Versuchen wir nun, in einem dritten Schritt, uns an das Geheimnis der Persönlichkeit und des Charismas Romano Guardinis heranzutasten. Wer ist dieser Mann, der morgens im Englischen Garten fröhlich dahinwandernd registriert: „Der Pirol hat gerufen“, und am Nachmittag beim Diktieren „ganz in Wirrnis“ und Entmutigung gerät?[42] Wer ist dieser Mann, der mehrmals im Monat hier in der Schwabinger Occamstraße ins Kino läuft, die Filme nicht nach den Empfehlungen der katholischen Filmkritik aussucht und sich unheimlich aufregen kann über das Lachen der Menschen an der falschen Stelle?[43] Wer ist dieser Mann, dessen Lieblingsfarbe das Blau ist, die Farbe, die ihn erquickt und fröhlich macht?[44] Wie ein Kind freute er sich, als er einen pastellblauen Rosenkranz sein eigen nannte[45]; und wenn er beim Verlag ein Manuskript abgeliefert hatte, kaufte er sich eine blaue Schale.[46] Einmal hat er sich dabei vergriffen: „Ich habe ein bißchen Sorge, daß ich mich mit diesem Blau, das ein wenig Violett in sich hat, vielleicht nicht vertrage.“[47] Was ist das für ein Mann, der oft unter Depressionen leidet und unter der Last seiner Arbeit fast zusammenbricht? Kein Manuskript verließ seinen Schreibtisch, bevor nicht sechs bis acht Redaktionen vorgenommen worden waren. Ihn belastet die Schwermut, die immer wieder durchbricht, aber auch das Asthma, die Unsicherheit, auch später im Beruf und im Glauben, und eine grenzenlose Schüchternheit[48]: „Unter all meiner scheinbaren Selbstverständlichkeit sitzt die Angst des Versagens ... Ich schreibe und rede und rede und schreibe – und das Leben läuft weg.“[49]

Was ist das für ein Mann, der in den Wirren der letzten Kriegsmonate in sein Tagebuch Gedanken über die Gottesbe-

41 Vgl. Berichte 103.
42 Vgl. Notizen 31.
43 Vgl. ebd. 32f.
44 Vgl. ebd. 39.
45 Vgl. ebd. 33.
46 Vgl. ebd. 52.
47 Ebd. 40.
48 Vgl. ebd. 33f, 36.
49 Ebd. 41f.

weise notiert, aber keine Silbe zu den Zeitereignissen – wenigstens nicht für uns sichtbar?[50] Was ist das für ein Kleriker, der sich mehrmals über „eine der schlimmsten Schädigungen des religiösen Lebens“ aufhält, die Klerikalismus genannt wird?[51] Er zeigt Verständnis für „die elementare Auflehnung gegen Atmosphäre und Wirksamkeit des etablierten, kompakten geistlichen Standes“[52]. In Freiburg war es so: „Der Anblick eines Geistlichen genügte, um einen dunklen Druck auf mich zu werfen.“[53] Dort dachte er in seiner Schwermut mehrmals daran, diesem Leben ein Ende zu setzen, und hat nach diesen schweren Entscheidungsjahren doch nie an seinem Priesterberuf gezweifelt.[54]

Was ist das für ein Mann, der mehrmals davon spricht, in ihm herrsche das „innere Chaos“, der zaghaft andeutet, wie einsam er sei, wenn sich andere darüber beschweren, daß er so viele Mitmenschen am Rand liegen lasse?[55] Ich glaube, man darf schon sagen: Die Freunde lebten von Guardini mehr als er von den Freunden. Was ist das für ein Mann, der dreizehn Jahre lang den „sozusagen reinen Schmerz“ einer Trigeminus-Neuralgie[56] auszuhalten hat und dabei unermüdlich tätig ist?[57] Was ist das für ein Mann, der die Universität liebt und doch unglücklich in ihr ist, weil er meint, er „habe eigentlich nicht das Recht, in der Universität zu sein“? „Ich bin aber kein Wissenschaftler“, mir fehlt das ‚Fach‘![58]

Was ist das für ein Mann, der schreibt, er habe nie Kontakt zu Kindern, zu katholischen Vereinen und Verbänden und zum Volk gefunden? „Ich hatte Zeit meines Lebens nicht viel Selbstgefühl . . . Später wurde mir gesagt, man halte mich für abweisend und hochmütig – der so oft eintretende falsche Eindruck, den der Schüchterne erweckt.“[59] Er fühlte sich immer bedroht. Die Hörer seiner Vorlesungen im Audimax müssen heute seine in ihren Augen überzogene Reaktion, wenn einer von ihnen den Hörsaal zu spät betrat, anders deuten.[60]

50 Vgl. ebd. 23–29.
51 Ebd. 105.
52 Ebd. 36.
53 Berichte 76.
54 Vgl. ebd. 77.
55 Vgl. Notizen 48f.
56 Ebd. 119.
57 Vgl. ebd. 107.
58 Ebd. 84f.
59 Berichte 41.
60 Vgl. ebd. 42.

Was ist das für ein Mann, der beharrlich nach seiner inneren Linie, seinem „Paßwort“ suchte? Trotz aller Unsicherheit bei der Studienwahl, bei der Entscheidung für den Priesterberuf, bei Dissertation und Habilitation, verfolgte er seine innere Linie mit einer unbedingten Sicherheit. Das stand hinter den Wechseln der Studienfächer und hinter der mühsamen Suche nach dem Dissertationsthema: Guardini suchte seinen eigensten Weg, seine innere Linie.[61]

Er wollte nicht, wie damals üblich, historisch arbeiten. „Was mich aber spontan interessierte, war nicht die Frage, was einer über die christliche Wahrheit gesagt hat, sondern was wahr ist.“[62] So fand er im Interpretieren der Wahrheit seine innere Linie. „Ich habe eigentlich gar nicht das Gefühl, etwas Eigenes zu geben, eigene Gedanken, eigene Gestaltungen – vielmehr eine beständige Interpretation der christ-katholischen Wirklichkeit.“[63] Alles, was Guardini redet und schreibt, ist Interpretation. „Denn es ist ja diese Wirklichkeit, die – so hoffe ich – redet.“[64] Dies trifft für seine systematischen Vorlesungen ebenso zu wie für seine Schriftpredigten und seine Interpretationen von literarischen Texten und historischen Gestalten.

Guardini las vorher kein Lehrbuch, wenn er an eine Ethik-Vorlesung heranging. Er hielt neutestamentliche Vorlesungen ohne fachexegetische Voraussetzungen. Er interpretierte hohe Literatur, ohne Literaturwissenschaftler zu sein. Er wußte um die Gefahr des Dilettantismus, als er sozusagen außerhalb der anerkannten wissenschaftlichen Methoden arbeitete. „Ich verzichtete bewußt auf das jeweilige Fachwissen. Ich suchte, so gut ich es vermochte, vor die Fragen selbst zu gelangen und mit ihnen fertig zu werden.“[65] Ich „bildete mir allmählich eine Methode heraus, von der genauen Deutung des Textes zum Ganzen des Gedankens und der Persönlichkeit vorzudringen und damit grundsätzliche Fragestellungen zu verbinden“.[66]

Er lehnte einen Ruf nach Bonn auf den Dogmatik-Lehrstuhl ab, wegen seiner inneren Linie. Vielleicht hat er diese zum

61 Vgl. ebd. 78.
62 Ebd. 24.
63 Notizen 47.
64 Ebd.
65 Berichte 47.
66 Ebd. 46.

ersten Mal – und er war sehr glücklich darüber – gefunden bei seinen Vorträgen über die Kirche im Jahre 1920. „In ihnen wurde mir auch deutlicher, was meine eigentliche Aufgabe sei: nicht die Forschung eines theologischen Faches fortzuführen, sondern mit wissenschaftlicher Verantwortung und auf hoher geistiger Ebene die christliche Wirklichkeit zu deuten."[67]

Dieser suchende Mann erhielt 1923 einen Ruf nach Berlin. Fast alle rieten ihm ab: Wie kannst du das wagen? Wie willst du das packen? Er hatte selbst sehr große Angst, aber zugleich „das Gefühl, auf diese Linie zu gehören"[68]. Und dieses Gefühl war so stark, daß er annahm. Der Berliner Lehrstuhl in seiner Umschreibung bot ihm die Möglichkeit, die Wahrheit zu interpretieren. Er fand in Berlin auch zu jenem Arbeitsfeld, das ihm neben den Vorlesungen am meisten Glück bereitet hat: zur Homilie, zur Predigt. Das Wort der Heiligen Schrift muß „aufgeschlossen werden; so ging mir die Aufgabe der Interpretation auf und wurde mir immer wichtiger"[69]. „Und ich muß sagen, daß wenige Dinge im Rückblick mich so glücklich machen, wie dieses."[70] „Was ich von Anfang an, erst instinktiv, dann immer bewußter gewollt habe, war, die Wahrheit zum Leuchten zu bringen."[71] So hat Guardini seine innere Linie gefunden: Vom heiligen Wort her sprach er zu den Fragen der Menschen und der Zeit.

Die vielleicht stärkste Seite Guardinis war, daß er nicht sich selbst verkünden wollte, sondern sich als Interpret ganz in den Dienst der Wahrheit stellte, verzichtend auf unmittelbare Wirkungen, in großer Geduld vertrauend auf die Macht der Wahrheit. Dieses Wort „Wahrheit" hatte für ihn eine ungeheure Faszination. Sein Ziel war es, die Wahrheit um ihrer selbst willen darzustellen und zum Leuchten zu bringen, „der Wahrheit Schönheitsglanz"[72] zu zeigen. Dies kommt auch darin zum

67 Ebd. 37.
68 Ebd. 39.
69 Ebd. 108.
70 Ebd. 109.
71 Ebd.
72 So in: *R. Guardini,* Liturgie als Spiel, in: Vom Geist der Liturgie, Freiburg 1918, 60.

Ausdruck, in wie vielen Publikationstiteln Guardinis das Wort „Wahrheit“ aufscheint, Wahrheit, nicht Propaganda. Und je mehr sich Guardini der Aufgabe widmete, der Wahrheit zu dienen, um so mehr wurde diesem im Hinblick auf Glückserlebnisse wahrlich nicht überreich beschenkten Menschen die Gnade zuteil, daß er die Wahrheit als eine „klare und stille Macht“[73] empfinden durfte.

Die Gedenktafel für Romano Guardini in der Universitätskirche St. Ludwig trägt dieses Wort: „So meine ich es mit meiner seelsorglichen Arbeit: helfen durch die Wahrheit“[74]. Erinnert sei hier an die erschütternde Tagebuchnotiz vom 4. Adventssonntag 1953: „Ich will es aufschreiben, obwohl es nichts aufzuschreiben gibt... Gegenwart war da in allem... Ich bin dann niedergekniet und habe versucht, Ehrfurcht und Bitte zu sagen.“[75] So wurde für ihn die Wahrheit gleichsam körperlich: „Manchmal... war mir zu Mute, als ob die Wahrheit wie ein Wesen im Raum stünde.“[76]

Noch tiefer in das Zentrum der Person und des Wirkens Guardinis führt ein anderes Wort: „Es war mir allmählich klar geworden, daß ein Gesetz bestehe, wonach der Mensch, wenn er ‚seine Seele behält‘, das heißt, in sich selber bleibt und als gültig nur annimmt, was ihm unmittelbar einleuchtet, das Eigentliche verliert. Will er zur Wahrheit und in der Wahrheit zum wahren Selbst gelangen, dann muß er sich hergeben.“[77] Dann muß er sich selbst verlassen, muß sich, wo es um Offenbarung und Glaube geht, an die Kirche verschenken. Er sei zwar „nie ein Mensch großer Erschütterungen gewesen“[78], aber diese Einsicht habe ihn glücklich gemacht: sich hergeben an die Kirche, um der Wahrheit zu dienen. Dennoch geht Guardini seinen Weg als Einzelkämpfer, als Umstrittener, als nicht Anerkannter.[79] Doch dies kennzeichnet wohl ein das Amt ergänzendes Charisma, daß es unerwartet kommt und daß wir nicht wissen, wie es auszusehen hat, daß Gott seine Gnade in

73 Notizen 85.
74 Ebd.
75 Ebd. 76.
76 Berichte 110.
77 Ebd. 71.
78 Ebd. 72.
79 Vgl. ebd. 116.

ungewohnten Formen und auf neuen Wegen verschenkt. Guardinis Gedanken kreisten immer wieder um die Kirche. „Ich darf sagen, daß es mir immer um die Kirche zu tun war, auch wenn ich, um ihr zu dienen, allein gegangen bin.“[80] Guardini hat nicht nach vorgezeichnetem Schema gearbeitet. „So habe ich immer ins Freie gestrebt – welches Freie auch oft genug Alleinsein, Ratlosigkeit und Kampf bedeutete.“[81] Durch die Anbindung an die Objektivität der Kirche aber bewahrte er sich vor der Gefahr, Subjektivist zu werden. Und er freute sich, als durch Papst Pius XII., Papst Paul VI. und Kardinal Julius Döpfner anerkannt wurde, was für einen Dienst er durch sein Charisma der Kirche geleistet hatte.

Guardini geschähe Unrecht, wenn nicht wenigstens auf das künstlerische Element in ihm verwiesen würde: Die Vorbereitung einer Predigt, einer Vorlesung war für ihn ein künstlerischer Vorgang. Die Interpretation der Wahrheit mußte Form, Gestalt gewinnen, im Sinne einer Schöpfung aus einer inneren Geburtsmitte heraus.[82]

Zum Charisma Romano Guardinis gehörte ganz sicher das, was er das „Gespräch“, den „Dialog“ nannte. Gespräch war für ihn „reiner Ausdruck des Menschseins“[83]. Wer ihn hörte, auch wenn Guardini oben auf Kanzel oder Katheder stand, hatte immer das Gefühl: Da redet einer, der im Kreis sitzt – ein Geschenk der Jugendbewegung –, im Gesprächston und nimmt den anderen ganz ernst. Sein Wirken war „ein lebenslanges Gespräch zur Wahrheitsfindung und Sinnerhellung menschlicher Existenz“[84]. Selbst bei großen Reden war er ein Mann des Gesprächs und des Zuhörens, geprägt von großer Geduld. Dies war auch kennzeichnend für das Selbstverständnis seines prie-

80 Ebd. 118.
81 Ebd.
82 Vgl. Notizen 62.
83 Aus: *F. Henrich,* Romano Guardini † 1. Oktober 1968. Ein lebenslanges Gespräch, in: Börsenblatt für den Deutschen Buchhandel, Frankfurter Ausgabe, 24. Jg., Nr. 100 v. 13. 12. 1968, 3170.
84 Ebd.

sterlichen Dienstes: Er wollte bewußt ein „brüderlicher Priester“[85] sein.

Von den vielfältigen Gnadengaben, von denen Paulus in 1 Kor 12–14 spricht, treffen wir bei Guardini manche Charismen an: Weisheit mitzuteilen, Erkenntnis zu vermitteln und Glaubenskraft zu bezeugen; aber darüber hinaus war ihm vor allem die Gabe der prophetischen Rede geschenkt. Guardini war ein prophetischer Prediger und Lehrer. Paulus aber unterstreicht: Wer prophetisch rede, der rede zu Menschen, der baue auf, ermutige und spende Trost; nur der Zungenprediger rede für sich.[86] Wer aber zu Menschen predige, müsse verständlich sprechen. Welch ein Geschenk ist die Sprache Guardinis! Sie wird auch heute noch verstanden, ja sie rührt an. Er dachte einfach und wollte auch einfach und verständlich sprechen: „das schlichte, aus der Substanz der Offenbarung und Wirklichkeit kommende Wort“[87]. Und er hatte den Mut, zu sagen, er habe Martin Heidegger einfach nicht verstanden.[88] Es kam ihm darauf an, daß die Gemeinde zu dem in einfacher Sprache genau und mit Verstand vorgetragenen prophetischen Wort „AMEN“ sagen konnte.[89]

Nochmals sei die Frage nach dem Geheimnis seines Wirkens auf ungezählte Menschen, die Frage nach seinem Charisma gestellt. Bei Guardini heißt es immer ganz klar – obwohl er sich diese Erkenntnis unter Schmerzen erkämpfen mußte: „Das Letzte ist unerkennbar und bleibt es“[90]. Er machte überhaupt nicht den Versuch, das letzte Geheimnis, Punkt des Ärgernisses und des Glaubens, aufzuschlüsseln. Wir haben hier „eine jener Fragen, die nicht da sind, um gelöst, sondern um getragen und gelebt zu werden“[91]. Es geht um ein Geheimnis, das man

85 Vgl. Berichte 99. Den Typus des „brüderlichen Priesters“ setzt er dem „väterlichen Priester“ entgegen, der „ganz vom Bewußtsein des priesterlichen Amtes“ ausgeht.
86 Vgl. 1 Kor 14,3f.
87 Notizen 78.
88 Vgl. ebd. 77.
89 Vgl. ebd. 78.
90 Ebd. 11.
91 Ebd. 17.

annehmen, dem man sich in Liebe anvertrauen muß.[92] Nie hat Guardini beantworten können, warum Gott die Welt erschaffen hat und warum er Mensch geworden ist, warum Gott uns geschaffen hat und uns in die Freiheit entläßt. Er hat all dies angenommen als ein unbegreifliches Geheimnis, das liebend zu tragen sei.[93] Wiederholt führt er aus: „Gerade das schlechterdings Unwahrscheinliche ist das Eigentliche. Glaube bedeutet, sich dorthinein zu beziehen, und vielleicht kommt von dorther der Friede."[94] Denn noch wichtiger als alles Denken, Schreiben und Lesen ist zu erfahren, daß er, der große Gott, mich anblickt. Das Wichtigste ist die Erfahrung von Gottes Wirklichkeit. Aus ihr erwächst Anbetung, Dank und Vertrauen.[95]

Alle Bemühung, das Charisma Guardinis zu beschreiben, erweist sich als Hilflosigkeit, wenn der Meister selbst im Originalton zu Wort kommt mit seiner unvergeßlich eindringlichen, leisen und eigentümlich schwingenden Stimme. Ein paar Abschnitte aus einer Predigt über den Psalm 89, einer Predigt über die Vergänglichkeit, seien als Tonbandabschrift angefügt. Er pickt sich aus diesem wunderschönen Psalm den Vers heraus: „Unsere Tage zu zählen lehre uns, daß wir zur Weisheit des Herzens gelangen". Und er fragt im zweiten Teil: Weisheit – ist es Erkenntnis, ist es der Verstand, ist es die Klugheit? Was ist also Weisheit?

„Was ist denn Weisheit? Weisheit hat damit zu tun, wie das Leben einen Sinn gewinnt, wie das Leben voll wird von dem, was dauert, wie das Leben so wird, daß, wenn einmal das Ende kommt, der Mensch nicht das Gefühl hat: Die Hände sind leer. Daß er bei aller Einsicht in die eigene Armseligkeit weiß: Ja, es ist was drin. Und so wenig das vor Gott gilt, immerhin es ist etwas drin. Und das geht hervor aus der Kunst, unterscheiden zu können. Und da ist der wunderbare Gedanke des Psalms,

92 Vgl. ebd.
93 Vgl. ebd. 34.
94 Ebd. 90.
95 Vgl. ebd. 98, 115, 120, 122.

daß er sagt: Der große Unterschied, der alle Unterscheidung begründet, lautet: Gott ist Gott, und der Mensch ist Mensch. Und wer die Gotteswahrheit angreift, verurteilt die Menschen zur Torheit. Daher die Furchtbarkeit des Experiments, was heute gemacht wird: Menschen ohne Gott, Völker ohne Gott aufzuziehen. Es kann einem grauen! Zum ersten Mal in der Welt geschieht das Experiment. Wie es gehen wird, weiß kein Mensch. Sicher nicht gut! Sicher wird zerstört werden die Gabe der letzten Unterscheidung: die Weisheit.

Was ist denn Weisheit? Nehmen wir einmal ein kleines Beispiel. Wir fühlen – um auszugehen von dem, von dem der Psalm spricht – wir fühlen die Vergänglichkeit aller Dinge, müssen sie fühlen, auch wenn wir nicht wollen. Und nun kommt das Gegengefühl: Wie mache ich es denn, daß es nicht so schnell vergeht? Und da kann einer sagen: Da muß ich erregende Dinge hineintun, Dinge, die mich packen: Vergnügen, Erfahrungen, Erlebnisse, dahin gehen, das sehen, da mitmachen usw. – immer etwas hineintun in der Hoffnung, daß es langsamer geht. Da sagt die Weisheit: Du Tor, du gehst ja gerade schnell. Je mehr du dein Leben vollpackst, je mehr Erregungen hineinkommen, je mehr Neugierde befriedigt wird, je mehr Sensation du bekommst, desto schneller geht das ja. Drum heißt es ja Langeweile, das Dann-langsam-Gehen, wenn keine Erregungen sind. Obwohl das wieder eine Frage für sich ist. Oder aber ein anderer sagt: Ich muß wichtige Dinge hineintun, ich muß Unternehmungen machen, ich muß Ämter haben, ich muß da mittun, dort mittun; und da hetzt er immer weiter von einem zum andern. Und am Schluß sagt er sich: Wofür eigentlich? Weg ist alles! Und am Ende des Lebens steht er da mit leeren Händen.

Die Weisheit sagt: Das ist falsch. Weise wäre, wenn du in das Leben Dinge hineintätest – und nun erlauben Sie einen etwas kühnen Ausdruck –, die von der Art Gottes sind: Das sind Dinge, die nicht bloß lang dauern, nicht bloß heftig erregen, sondern die gültig sind. Was ist gültig? Das Gute! Wenn ich eine Pflicht erfüllt habe, obwohl sie mir unangenehm war; die

Handlung vergeht, die Situation vergeht, aber etwas bleibt: das getane Gute. Das ist von der Art Gottes! Oder wenn ich einen Menschen, den ich vielleicht gar nicht mag, der mich ungeduldig macht, wenn ich dem mit Liebe begegne, wenn ich ihm helfe – wieder in diesem Erfüllen des Liebesgebotes geschieht etwas, das nicht mehr zerfällt.

Drumherum zerfällt vieles: Die Stunde zergeht, die Situation mit ihrer Erregung und so weiter zergeht, der Mensch, der Ich-Mensch, der Ich-sterbe; es bleibt, daß in diesem Augenblick Liebe geübt worden ist. Denn das ist von der Art Gottes! Das zu verstehen und das nicht nur mühsam sich klar zu machen, sondern ins Gefühl zu bekommen: das ist Weisheit!

Nehmen wir ein anderes Beispiel. Ich habe mit einem Menschen zu tun, und dieser Mensch hat gute Eigenschaften und schlimme. Er hat Anziehendes und Abstoßendes. Und nun wäre es Torheit hinzugehen: Das Gute will ich – das andere nicht, das soll weg, das soll abgeschnitten werden. Die Weisheit sagt: Das kannst du nicht; du kannst an einem Menschen nicht aussuchen, denn in ihm hängt ja alles zusammen, und seine beste Eigenschaft hängt noch irgendwie zusammen mit seiner tiefsten Schwäche. Weise bist du, wenn du zunächst den Menschen als Ganzes nimmst, ‚ja' zu ihm sagst, ihn annimmst. Und dann kannst du langsam betonen das eine – und das andere abzuschwächen suchen, auszugleichen suchen; dann wird's gut. Das wäre Weisheit!

Und noch einmal ein Drittes, damit wir das Gefühl bekommen, was damit gemeint ist. Wohl eines der Schönsten, vielleicht das Schönste, was es auf der Welt gibt, ist, daß ein Mensch den andern liebt. Ich meine hiermit nicht das Physische, die Emotion, die auch ihren Sinn hat, aber nein, das andere: das Wunderbare, daß ein Mensch, der doch von Natur Egoist ist, daß der sich öffnet und den anderen hineinnimmt in sein Herz. Daß der andere ihm so wichtig wird, wie er sich selbst, vielleicht noch wichtiger. Und es entsteht das Bewußtsein, daß der eine im anderen geborgen ist. Sehen Sie, was wäre da Torheit? Torheit wäre, diese Liebe erzwingen zu wollen, sie fordern zu wollen, drängen zu wollen, zu nörgeln, wenn sie nicht fühlbar wird, sie kaufen zu wollen mit Gefälligkeiten, mit dem, mit jenem. Denn diese Liebe kann nur in Freiheit existieren. Sie muß geschenkt werden und immer aufs neue geschenkt. Und daß sie zehn Jahre lang geschenkt war, bedeutet nicht, daß sie es noch ein elftes Jahr ist. Es ist das Ziel, daß sie's werde. Denn zum Wesen der Liebe gehört irgendwie auch die Ewigkeit, aber eine Ewigkeit, die nicht aus Sicherungen hervorgeht, nicht aus Zwang, sondern immer neu aus der Freiheit des Herzens. Und daran stirbt diese Liebe, wenn sie gefordert wird, wenn sie nicht in Ehren gehalten wird; wenn der Umgang hemdsärmelig wird, wenn er grob wird, dann stirbt die Liebe. Wir können sie nicht machen, aber wir können um sie dienen; wir können sie mit Ehrfurcht umgeben, sagen wir es mal direkt: mit Höflichkeit, mit Rücksicht – dann gedeiht die Liebe. Sehen Sie, das zu verstehen und nicht zu kommen mit der Grobheit, die sagt: ,Wir sind doch verheiratet; ich habe doch ein Recht!' – nicht das zu sagen, sondern immer neu in Ehren zu halten und die Freiheit entgegenzunehmen: das ist Weisheit!

So, und am Schluß noch etwas: Sehen Sie, Weisheit ist auch die, mit der eigenen Weisheit vorsichtig umzugehen. Denn die Weisheit ist eine verderbliche Tugend. Und wenn man um sie weiß und sie betont und sie vor sich herträgt, dann wird sie sauer, dann verdirbt sie, dann geht sie auf die Nerven – nicht nur –"[96], „dann wird sie selbst zur Torheit, und zwar zu einer von schlimmerer Art als jene, die sie überwinden wollte."[97]

Romano Guardini trug nicht seine Weisheit vor sich her. Auf seine Grabplatte[98] ließ er schreiben: „Im Glauben an Jesus Christus und seine Kirche, im Vertrauen auf sein gnädiges Gericht".

96 Hier endet der Tonbandmitschnitt einer Predigt, die Romano Guardini im Jahre 1956 zum Thema Vergänglichkeit über den Psalm 89 (90) gehalten hat. Später wurde sie in überarbeiteter Form veröffentlicht in: *R. Guardini,* Weisheit der Psalmen. Meditationen, Würzburg 1963, 127–136.

97 Vgl. ebd. 136.

98 Guardinis Grab befindet sich auf dem Priesterfriedhof des Oratoriums in München, St. Laurentius.

Hanna-Barbara Gerl

„Durchblick aufs Ganze"

Romano Guardinis Werk in seiner Entfaltung

„Jede (...) Gestalt ist begrenzt, eine gewisse Unduldsamkeit gegen andere Möglichkeiten, aber das ist die Kehrseite ihrer Kraft, mit welcher sie sich selbst definiert und den strömenden Daseinsstoff formt."[1]

Romano Guardini war eine Gestalt, in der Bestimmtheit und Kraft zum Ausdruck kommen, auf eine unverwechselbare, aber trotzdem nicht leicht anzugebende Weise. Denn Guardini ist spröde in der Selbstmitteilung: Er lenkt seinen eigenen wie der Leser Blick anderswohin. Von diesem Anderen sind Intuition und Reflexion gebannt, und daß er sich davon so sehr ergreifen ließ, macht wiederum seine eigene Anziehungskraft für die Hörer aus. Insofern läßt sich doch etwas, vieles über Guardini selbst sagen, mittelbar, gerade aus seiner Weise, sich selber nicht zum Thema zu werden. In diesem Fall spricht das Werk von der Person. Prüft man das Werk in dieser Absicht, so fällt zweierlei ins Auge: einmal die übergroße Zahl von Schriften, großen und kleinen, denen aber eine Art „Hauptwerk" fehlt; zum zweiten bei aller Ausfaltung doch ein Durchhalten schon früh entdeckter Themenbereiche bis ins Spätwerk. Beides ist zu Recht von der Guardini-Kritik angemahnt worden.[2] Und es gibt Anzeichen, daß Guardini selbst unter der ungegliederten Fülle seines Schreibens litt, so wenn er zu seinem 70. Geburtstag die Frage stellt: „Warum so viele Bücher?" – womit er im übrigen verfremdend die Nietzsche-Frage (!) aus „Ecce homo" wiederholt: „Warum ich so gute Bücher schreibe".[3]

1 Brief an P. Manfred Hörhammer OFM vom 12. 6. 1932 (Archiv Burg Rothenfels).

2 *H. U. von Balthasar,* Romano Guardini. Reform aus dem Ursprung, München 1970, 32f. – *E. Biser,* Interpretation und Veränderung. Werk und Wirkung Romano Guardinis, Paderborn 1979, 17ff.

3 *R. Guardini,* Stationen und Rückblicke, Würzburg 1965, 23. – In einem Brief Guardinis an Erich Görner vom 7. 1. 1959 heißt es: „Was Ihre Frage hinsichtlich des Himmels

Guardini sieht in seinem Werk den Charakter der „Gelegenheitsschrift“ ausgeprägt, „etwas, das aus dem Zusammenhang des Lebens heraus zur Sprache drängte“.[4] Trotz dieser Bestimmung durch die Anforderung der Stunde aber wurzeln seine Themen alle in ihm selbst; ihre Entfaltung geschieht konzentrisch, der weite Radius des Ausgreifens bleibt an die Mitte seiner eigenen Existenz gebunden. Welches ist diese Mitte?

1. Grundlegung der Theologie Guardinis um 1907: Verläßlichkeit der Kirche und der Offenbarung

Guardinis geistiger Aufbruch geschah in den drei Tübinger Semestern, vom Herbst 1906 bis zum Frühjahr 1908, „die glücklichsten und fruchtbarsten meiner ganzen Studienzeit“.[5] Es vollzieht sich ein Erwachen zu sich selbst, zum Eigensten, ja nach so langer Stauung der Kräfte rasch und bis ins Letzte bestimmend. So bestimmend, daß Guardini bis zu seinem Lebensende auf diesem Grund stehen konnte, alle Anreicherungen, Vertiefungen, Neugewichtungen darauf beziehend, ohne ihn ändern zu müssen. Eigenartigerweise wurde dieser Grund erreicht oder eröffnet in der Auseinandersetzung ausgerechnet mit dem Modernistenstreit. Dieser trat an den jungen Theologen durch seinen Tübinger Lehrer Wilhelm Koch heran, und in dieser Übermittlung vollzog sich Entscheidendes.

Die tiefgehende Krise, die damals die Kirche durchzog und die mit der Bezeichnung „Modernistenstreit“ nur ein Symptom benennt, war vielleicht nicht für die breiten Schichten der gläubigen Bevölkerung wahrnehmbar, sehr wohl aber für jeden selbständig Denkenden und um den Glauben Bemühten. Pius X. hatte in seiner Enzyklika „Pascendi domini gregis“ von

angeht, so habe ich darüber – wie über so vieles andere, all zu vieles nachgerade – etwas geschrieben (. . .)“ (Besitz Erich Görner).

4 Stationen und Rückblicke 30.

5 Berichte über mein Leben. Autobiographische Aufzeichnungen. Aus dem Nachlaß hrsg. von F. Henrich, Düsseldorf 1984, ^{4}1985, 79.

1907 warnend zwei Grundirrtümer kennzeichnen wollen, die in die Auslegung von Glaube und Dogma eingedrungen waren: den Agnostizismus und den Immanentismus. Vor ihrem Hintergrund wurden natürliche wie übernatürliche Offenbarung subjektiviert und in die Geschichte verlagert: Die Bibel wurde ebenso wie die Dogmatik zu einer Frucht natürlichen Bewußtseinswachstums.

Das Grundproblem des Modernismus, gegen den sich die Kirche vor allem in der Ausbildung der Theologen wehren wollte, war die nicht bewältigte Auseinandersetzung der Theologie mit modernen historischen und linguistischen Erkenntnissen. Man war gedanklich noch nicht in der Lage, biblische Offenbarung, kirchliche Überlieferung und geschichtliche Entwicklung sinnvoll aufeinander zu beziehen, ohne das Übernatürliche an Offenbarung und Kirche einzuebnen.

Guardini geriet mit seiner Studienzeit ab 1906 in die entscheidenden Jahre dieser Auseinandersetzung, worin nur die Absage an die Erfahrungswerte und das Bestehen auf der reinen Glaubensüberlieferung vom Modernismusverdacht freihalten konnte. Daß es Guardini gelang, diese Absage zurückzunehmen *und* dabei der Kirche und der Offenbarung im tiefsten uneingeschränkt verantwortlich zu bleiben, ist eine erst persönlich, dann allgemein wichtig gewordene grundlegende Leistung. Daß den jungen Theologiestudenten manche Vorgänge trotz aller Irritierung im einzelnen nicht gegen die Kirche einnahmen, auch nicht im Unbewußt-Geheimen, rührt von einer tiefen und in ihrer Tiefe offenbar niemals zurückgenommenen Entscheidung *für die Kirche* her.

Ein ausdrückliches Zeugnis dafür tritt 1952 hervor, ausgereift in der Formulierung: „Als ich noch Student der Staatswissenschaft war, wurde mir klar, daß die eigentliche christliche Entscheidung nicht vor dem Gottesbegriff, auch nicht vor der Gestalt Christi, sondern vor der Kirche fällt. Von da ab wußte ich auch, daß eine echte Wirksamkeit nur in der Einheit mit ihr möglich ist.“[6]

6 Brief an Kardinal Montini vom 29. 3. 1952 (Archiv Bayerische Staatsbibliothek).

Mit derselben Radikalität antwortet der Todkranke seinem Freund Felix Messerschmid auf die Frage, weshalb er zeit seines Lebens den Glauben bewahrt habe: „Weil ich es meinem Bischof bei der Priesterweihe versprochen habe." Man sollte sich hüten, darin nur ein „nacktes Durch-Retten" mit Hilfe eines außenbestimmten Gehorsams zu sehen, noch weniger eine vom Alter ausgelöste Resignation. Es entspricht zutiefst Guardinis Sicht vom Angewiesensein jedes Gläubigen und erst recht des Priesters auf Führung durch die Kirche, auf ihr Recht, Versprechen und Hingabe zu fordern. Dieses fundamentale Ja war Guardini stets bedeutender und mehr im Blick als alles teilweise nötige Nein, das er ohnehin – aus Verantwortung und Konfliktunwillen, aber auch aus einer geistigen Vornehmheit – nicht öffentlich aussprach.

Eine zweite Einsicht, der ersten verschwistert, gewann bis zum Ende des Studiums an Deutlichkeit, wiederum ein für allemal: „Noch zur Zeit meiner ersten theologischen Studien wurde mir etwas klar, das von da ab meine ganze Arbeit bestimmt hat: Was den modernen Menschen überzeugen kann, ist nicht ein historisch oder psychologisch oder wie immer modernisiertes Christentum, sondern nur die uneingeschränkte und ungebrochene Botschaft der *Offenbarung*."[7] Für Guardini wurde die Offenbarung zum Ernstfall der christlichen Existenz. In der Verdeutlichung dieses Ernstfalls gewinnt er jene Radikalität der Aussage, die wirklich „Wurzel" seiner sonstigen Einsichten wird. Alles Behutsame, Wägende, Vermittelnde, das Guardinis Sprechen eigen ist, tritt zurück, wenn er das Unbedingte weitersagt: „Es bedeutet einen entscheidenden Schritt in der Christlichkeit, daß man sich entschließt, die Worte der Heiligen Schrift genau so zu nehmen, wie sie dastehen; sie also nicht vom Munde des Herrn abzulösen und in eine allgemeine Ethik oder Religiosität zu verflüchtigen, sondern sie ganz konkret nimmt, als Weisung und Gabe von anderswo-

7 Brief an Papst Paul VI. von 1965; zit. von S.-E. Szydik, R. Guardini (1885–1968), in: W. Knauft (Hrsg.), Miterbauer des Bistums Berlin. 50 Jahre Geschichte in Charakterbildern, Berlin 1979, 77.

her. Christi Worte sind aus Gott kommende, wirkende Wirklichkeiten."[8]

Daß Guardini dabei die historisch-kritische Exegese nicht im Blick hat, weder zustimmend noch sich unterscheidend, ist deutlich. Aber wesentlich für das Verständnis seines Eigensten bleibt, daß Guardini das Unzeitgemäße, besonders das Un-Neuzeitliche an der Offenbarung enthüllt, aller Moderne zum Ärgernis: „Dazu mußt du aus deiner Selbstbehauptung hinausgehen. Mußt wissen, daß du an das Geheimnis gerätst, welches dein Urteil überschreitet; an das Gericht, das dich beurteilt. Das gilt für jede Zeit, auch für heute. Gott redet aus seiner heiligen Souveränität. Der Mensch aber muß bereit sein, zu hören und zu gehorchen."[9]

Guardini hat das Ärgernis der Offenbarung und einer von ihr „gerichteten" Deutung seit jener Studienzeit nie aufgegeben. Seine Anthropologie kommt aus dem „Hören und Gehorchen", aus dem Opfer der Selbstsetzung, die der Aufklärung und dem 19. Jahrhundert so teuer war. Wenn Nietzsche in der Selbsterlösung, die zugleich eine Befreiung von dem „ermordeten" Gott ist, den Menschen erst zu sich kommen sieht, so kennt und kommentiert Guardini diesen Entwurf. Für Guardini gilt umgekehrt und tiefer: Der Mensch wird wirklich er selbst nur im Gehorsam. Dies bedeutet anthropologisch ein Anerkennen, von einem Anderen her zu stammen und weiterhin von ihm bestimmt zu sein, damit eine grundsätzliche Erfahrung der eigenen Grenze. Theologisch gesprochen: Es bedeutet ein Anerkennen der Geschöpflichkeit, der Grenze an dem Schöpfer und der Nähe der endlichen Existenz zum Nichts.

Guardinis Entwurf von Welt und vor allem von Person ist bestimmt durch die positive Fassung von „Grenze"; diese Grenze anzunehmen, *weil* sie – umgekehrt zum Autonomiedenken – Vollkommenheit ermöglicht, ist ihm beseligender Sinn der Offenbarung. Sie entlastet von der Überanstrengung

8 In Spiegel und Gleichnis, Mainz [6]1960, 114.

9 Zitiert von *F. Messerschmid,* in: Romano Guardini. Der Mensch – Die Wirkung – Begegnung, Mainz 1979, 28.

der Selbst-Behauptung, aber sie fordert die andere, in gewissem Sinn leichtere, weil der Wahrheit gemäße Anstrengung der Selbstlosigkeit.

Guardini hat sogar das Absolute der Offenbarung als daran erkenntlich bezeichnet, daß sie einen Lebensnerv schmerzlich, ja zur Revolte reizend berühren könne. Ein solches Getroffenwerden ist ihm genau die Krise, welche das Göttliche im endlichen Bewußtsein hervorruft, ja nicht anders als hervorrufen kann. Aufmerksamkeit auf dieses Ärgernis ist gefordert, schließlich die Entscheidung im Unangenehmen der Krise: Von dieser Entscheidung hängt ab, ob die natürliche Existenz christlich wird. Und eben dann kommt die Polarität von Gehorsam und Selbstwerden, von Hörenkönnen und Freisein ins Spiel – aber nur dann, wenn das Un-Angenehme zum Angenehmen, Angenommenen wird. Mit dieser Grundeinsicht ist Guardini, wie er es selber entfalten wird,[10] über die Lösungen der Philosophie und der Religion, auch über den Mythos und die Psychologie hinweg: Die Offenbarung offenbart Un-Denkliches, Un-Erfahrbares, sofern Erfahrung und Denken sich auf das natürlich Mögliche, auf die natürliche Psyche und den natürlichen Logos stützen. Die Unbedingtheit der Kirche und die Unbedingtheit der Offenbarung, beides ist ihm unverlierbar seit seiner bewußten Entscheidung zur Theologie eingeprägt.

2. *Die Bedeutung der Ausbildung: Bonaventura – Augustinus – Platon in Unterscheidung und Offenheit zu Thomas*

Der junge Student traf zu allem Überfluß in diesen reichen Semestern noch auf eine außeruniversitäre Anregung: auf das unfern Tübingen im Donautal gelegene Beuron, Erzabtei des Benediktinerordens. Dort war es P. Odilo Wolff, der mit ihm über Platon sprach und über dessen Lehre von der lebendigen

10 In: Religion und Offenbarung, Würzburg 1958, oder: Unterscheidung des Christlichen, Mainz 1935.

Gestalt[11] – die früheste Spur von Guardinis einsetzender Verpflichtung durch das platonische Denken. Es prägt sich seinem Studium immer tiefer auf; seine spätere Promotionsarbeit über „Die Lehre des heiligen Bonaventura von der Erlösung“ im Frühjahr 1915[12] ist bereits von platonischem Geist durchdrungen. Denn bei Bonaventura hatte Guardini eine Welt betreten, die ihm endgültig eine Heimat von immer größerer Weite öffnen sollte.

Mit Bonaventura ist mittelbar Augustinus genannt, der Guardini ein Leben lang begleitet und befruchtet, wie es ähnlich nur noch Dante tat. Bezeichnend ist, daß Dante in denselben geistigen Umkreis wie Augustinus gehört. Hier ist schon zu erwähnen, daß hinter dieser Prägung durch die christlichen Lehrer unübersehbar die gewaltige Gestalt Platons auftaucht. Guardinis lebenslange Deutung des Christentums, seiner Texte, seiner Vermittlungsformen in Liturgie und Kirche, des Geheimnisses Gott ist zutiefst und reich bestimmt von dem platonisch-augustinischen Entwurf, zu dem noch der Name des Johannes wesentlich hinzugehört: „Das bei Platon nur sich Andeutende wird bei Augustinus im Licht der johanneischen Logoslehre voll entfaltet.“[13]

Das heißt umgekehrt, daß Guardini sich *nicht* für die Neuscholastik, nicht für Thomas von Aquin, mithin nicht für die aristotelische Prägung der abendländischen Geistesgeschichte entscheidet. Die Wahl des großen Franziskanertheologen und Kirchenvaters Bonaventura ist ja die Wahl des unmittelbaren Gegenspielers von Thomas.

Da die Neuscholastik zu dieser Zeit den verbindlichen Rahmen des Theologiestudiums abgab, tritt Guardini damit bereits in eine andere Bezugswelt ein. Es ist die geistige Welt einer Verbindung *und* Spannung von Intuition und Vernunft, von Erfahrung und Wissenschaft, von Empfindung und logischer

11 Mitgeteilt von *Ludwig A. Winterswyl,* Romano Guardini. Eigenart und Ertrag seines theologischen Werkes, in: Hochland 34, 11.

12 Angefertigt bei dem Privatdozenten Engelbert Krebs in Freiburg; erschienen in Düsseldorf 1921.

13 Religion und Offenbarung I, Würzburg 1958, 33.

Klarheit. Es ist die Liebe zum „Lebendig-Konkreten", wie der Untertitel des Gegensatz-Buches es nennt, die Liebe zum Gesehenen, um von dort zum Unsichtbaren weiterzudenken, die Liebe zum Phänomen, aus dem erst der Begriff erwächst. Augustinisch an Guardini bleibt auch die Betonung eines Unterschieds zwischen Religion und Glaube, die Betonung der nicht aus religiöser Begabung erwachsenden Offenbarung kraft der Souveränität Gottes. Erfahrung – ja, aber auch Grenze der Erfahrung und Eintreten eines Neuen, souverän zum Hören und Gehorchen Rufenden.

Im übrigen ist es keineswegs so, daß Guardini sich ausdrücklich *gegen* Thomas entschieden hätte. Dazu ist ihm die von Thomas ausgehende Klarheit in ihrer eigentümlichen Qualität zu deutlich.

In der Gegensatzlehre vermag Guardini Thomas und Bonaventura sogar zusammenzusehen, unter dem gewaltigen Spannungsbogen des mittelalterlichen Denkens, worin Intuition und formaler Verstand zusammenkommen. Mittelalter ist ihm „zuversichtliches, durch keine Begriffsmüdigkeit geschwächtes Denken, das aber die Kraft mystischen Schauens nicht störte (...) Die klaren Begriffsgebilde eines Thomas von Aquin, nicht zu reden von Bonaventura oder den Viktorinern, (erhalten) ihre eigentliche Sinnfülle und gespannte Kraft erst, wenn sie als Formung metaphysischen oder religiösen Erlebens erkannt werden."[14]

Trotzdem ist diese denkerische Klarheit von einem anderen Typus als bei Bonaventura. In einer bemerkenswerten Rede, die – innerlich wohl schon länger durchdacht[15], dem Anlaß nach aber improvisiert – erstmals als „Abendgespräch" im Rittersaal von Burg Rothenfels gehalten wurde, vergleicht er Goethe mit Thomas. Er faßt sie beide unter dem „klassischen Geist" und charakterisiert diesen dreifach: Er hat jenen Blick, der die Dinge läßt, wie sie sind; er vermengt sie nicht, beläßt sie

14 Der Gegensatz, Mainz 1925, 11–13.

15 Auch Erich Przywara stellt auf der Akademikertagung 1923 in Ulm Thomas und Goethe zusammen.

im deutlichen Unterschied nebeneinander, ist von unromantischer Bestimmtheit; zum dritten hat er die Tiefe der Klarheit, besser des klaren Lichtes. „In einem kleinen Bach das kristallene Wasser zu sehen, und darinnen jeden Kiesel, ist ein gar liebliches Ding. Wer aber an einen See kommt, der ganz still liegt, und vollkommen klar, aber so tief, daß der Blick nicht auf den Grund kommt, der erschrickt. (...) Diese Art spricht gelassen. So überhört man leicht, was sie sagt. Es scheint selbstverständlich. Faßt man aber ein solches Wort genauer ins Ohr, nimmt man einen solchen Satz in die Hand des Geistes und betrachtet ihn sorgsam, dann wird er immer stärker. Es scheint nichts Besonderes gesagt, Selbstverständlichkeiten. Aber es ist die Selbstverständlichkeit des Lichtes, und macht alles hell, was herankommt."[16]

Auf diese Weise schätzt Guardini Thomas, und wahrhaftig nicht gering. Und weit entfernt, ihn in eine falsche Alternative zu dem von ihm geliebten und gewählten Bonaventura zu bringen, sieht er Thomas' größte Quelle aus demselben Ursprung kommen: „Auch Thomas von Aquin wurzelt tiefer in jener Art, als eine einseitig aristotelische Festlegung es wahrhaben möchte; sein lebendigstes Leben strömt ihm doch aus Augustin."[17]

Aber so scheint doch wieder beherrschend die genannte geistige Abstammung auf: von Platon zu Augustinus und weitergehend. Guardini ergriff, wo immer ihn etwas ansprach, manchmal ansprang, das seinem eigenen Wesen Verwandte, erkannte es wieder, erkannte tatsächlich aus der platonischen „Erinnerung". So ging es ihm mit Bonaventura, und seitdem gingen die dadurch entbundenen Kräfte unaufhaltsam auf dieser Fährte in die Weite, methodisch beherrscht durch die Struktur des Gegensatzes, die er ebenfalls 1914 erstmals im Versuch vorlegte.

16 Vom klassischen Geist, in: Schildgenossen 5 (1924/25), 67f.
17 Nachwort zu: *Felix Klein,* Madeleine Sémer 1874–1921; Übersetzung und Nachwort von Romano Guardini, Mainz 1929, 254.

3. *Der Schritt in die Berühmtheit: „Vom Geist der Liturgie“ (1918)*

Guardinis *öffentliche* Bedeutung setzt unerwartet mit einem schmalen Werk ein. 1918 erscheint als erster Band der Reihe „Ecclesia orans“, herausgegeben von Abt Ildefons Herwegen aus Maria Laach, die berühmt, ja klassisch gewordene kleine Schrift „Vom Geist der Liturgie“. In knapp fünf Jahren kam es zu 12 Auflagen; 1983 erschien die bisher letzte, erneut mit Herwegens Vorwort.[18]

Woher diese von niemandem vorhergesehene Wirkung? Sie entstand aus dem Zusammentreffen eines allgemeinen Aufbruchs in Theologie und ihrem Index, der Liturgie, und der Feinfühligkeit Guardinis, der die Umwälzungen nicht nur wahrnahm, sondern sie im Formulieren klärte und zur Bewußtheit brachte. Hinzu tritt die Unmittelbarkeit seiner denkerischen Bemühung, die gerade auch für Laien, ja für solche von „außerhalb“ der Kirche, keiner nochmaligen Übersetzung bedurfte. Die Klarheit der Schrift verdankt sich bereits dem Weiterdenken der „Gegensatz“-Struktur, ihre Tiefe und der ab und zu spürbare Eros aber Guardinis eigenstem Angerührtsein.

Guardinis kraftvoller Anstoß bezieht seine Wirkung in gleicher Weise aus seinem Neudenken in der Theologie wie sogar aus einem versuchten Neudenken in der Geistesgeschichte. Es geht ihm nicht kurzatmig um Änderung der Liturgie unmittelbar, sondern um Änderung der geistigen Haltung, aus der heraus Liturgie erneut möglich ist. Und es ist dieses Neuschreiben der geistigen Haltung, welches das Buch bedeutend macht, schon frühzeitig eine „Überwindung der Neuzeit“ einleitet.

Guardini läßt Liturgie als Führung zur inneren Freiheit erfahren. „Die Wahrheit macht das Gebet kräftig, durchströmt es mit jener herben, erhaltenden, belebenden Energie, ohne die es weichlich wird. (. . .) Der dogmatische Gedanke macht

18 Freiburg 1983, mit einem Nachwort von Hans Maier.

frei von der Knechtschaft des Gemütes, von der Verschwommenheit und Trägheit des Gefühls."[19] Wenn Guardini von der Notwendigkeit des lange Durchdachten spricht, so ist ihm das Denken niemals nur verblaßtes Leben. Es ist von vornherein an die Kraft des Herzens gebunden – ein Zusammenhang, den er später durch die „Theologie des Herzens" überhöhen wird. Trotzdem aber kommt das Herz nicht unmittelbar, sondern „adelig", überwunden ins Spiel: „Die Liturgie als Ganzes liebt das Übermaß des Gefühls nicht. Es glüht in ihr, aber wie in einem Vulkan, dessen Gipfel klar in kühler Luft steht. Sie ist gebändigtes Gefühl."[20]

Herausgegriffen seien ihrer Wichtigkeit wegen die „Liturgie als Spiel" sowie das Kapitel über den Logos. In beiden erweist sich die Fähigkeit Guardinis, nicht kurzschlüssig vom engeren liturgischen Bezug auszugehen, sondern Klärung im Grundsätzlichen zu leisten, stärker sogar von der Philosophie als von der Theologie her.

Liturgie und Spiel: ein Durchbruch

Der Gedanke vom „Spiel der Liturgie" war für die damalige Zeit etwas durchaus Neues. Gerade dieser Neuheit wegen wurde er besonders von den jugendlichen Lesern als so hinreißend empfunden.[21] Guardini klärt hilfreich die Unterscheidung von Zweck und Sinn (im Grunde eine alte aristotelische Überlegung): Im Zweck ruht ein Ding nicht in sich selbst, sondern wird als Durchgang auf ein außerhalb liegendes Ziel eingesetzt; Sinn aber läßt den Schwerpunkt eines Dinges in ihm selbst aufleuchten. Gerade die wesentlichen Vorgänge des Lebens sind zwecklos, aber sinnvoll. Die Wahrheit, ebenso aber das Kunstwerk verfolgen keine Zwecke, jedenfalls nicht unmittelbar, tragen aber unbedingt Sinn an sich (jener Zug an ihnen, der ihre Schönheit begründet). Liturgie aber ist keines-

19 Ebd. 24f.
20 Ebd. 28.
21 *Walter Dirks,* Romano Guardini, in: H. J. Schultz (Hrsg.), Tendenzen der Theologie im 20. Jahrhundert. Eine Geschichte in Portraits, Stuttgart 1966, 250.

wegs „zweckmäßig“. Weder hat sie erzieherische noch absichtsvoll künstlerische Aufgaben; ihr tiefster Sinn ist einfach „Schau“, und zwar Schau von Gottes Herrlichkeit.

Guardini zitiert das ungeheure Bild aus den Gesichten Ezechiels: „Wie sind diese flammenden Cherubim, die ‚gerade vor sich hingingen, wohin der Geist sie trieb ... und sich nicht umwendeten im Gehen ... hin- und zurückgingen wie das Leuchten des Blitzes ... gingen ... und standen ... und sich vom Boden erhoben ... deren Flügelrauschen zu vernehmen war wie das Rauschen vieler Wasser ... und die, wenn sie standen, die Flügel wieder sinken ließen ...‘ – wie sind sie ‚zwecklos‘! Wie geradezu entmutigend für einen Eiferer vernünftiger Zweckmäßigkeit!“[22]

Grundsätzliches: Der Vorrang des Wahren vor dem Guten

Abschließend – oder eher: eröffnend – entwickelt Guardini eine für die Grundlegung des Ganzen noch entscheidendere These: vom Primat des Logos über das Ethos. Entscheidender ist sie deshalb – obwohl sie gar nicht unmittelbar auf Liturgie abhebt –, weil hier in philosophischer Anstrengung jene Überwindung Kants, mithin des neuzeitlichen Subjektivismus angezielt wird, die Guardini bis in sein hohes Alter als *die* Aufgabe der Zeit begreift. Anders formuliert: Es ist die Neubegründung der Wahrheit *vor* aller Sittlichkeit, *vor* allem Handeln, sogar *vor* der Liebe. Logos meint jenen letzten Grund, der weder einer Entscheidung noch selbst einer Begründung noch einer Anerkennung bedarf, um wahr zu sein; der aus dem Willen des Subjektes, aus der Tathandlung des Menschen, aus dem Streben des Lebens nicht abgeleitet werden kann, vielmehr unbedingt in sich ruht. „Die Wahrheit ist Wahrheit, weil sie Wahrheit ist. Es ist an und für sich für sie völlig gleichgültig, was der Wille zu ihr sagt und ob er mit ihr etwas anfangen kann.“[23] Es klingt für geschärfte Ohren sehr modern (und gegen Nietzsche!), wenn Guardini weiterführend vom Vorrang des Seins

22 Vom Geist der Liturgie 97f.
23 Ebd. 138.

gegenüber dem Werden spricht. Aber die Frage, ob dies alles rückständig oder avantgardistisch sei, stellt sich gar nicht; die Entdeckung der „unabänderlichen Gesetze alles Lebens“[24] steht nicht unter dem Diktat von Modernität. Daß sich Guardini von Anfang an einer solchen Modernität entzog und sie gleichwohl absichtslos einholte, macht seinen Erstling bis heute zu einem Klassiker.

Guardini arbeitet unmittelbar anschließend – „gegensätzlich“ – an der Aufwertung der volkstümlichen Andachtsformen. So sehr erscheinen sie ihm als eine notwendige Ergänzung, daß sich daran eine tiefe Auseinandersetzung mit Maria Laach entzünden wird, aber umgekehrt seine früh in ihm wirksame universale Betrachtungsweise sich verstärkt. Diese Liebe Guardinis zu den volkstümlichen Versenkungsweisen wird ihn zwei Jahre später die Mitarbeit am „Jahrbuch für Liturgiewissenschaft“ kosten, weil dort nur die Hochformen liturgischen Lebens als beachtenswert galten. „Als ich meinen ‚Kreuzweg‘ schrieb, habe ich meinen ganzen Kredit verloren.“[25] Aber Guardinis eigene geistliche Bewußtheit ließ ihn diese anders gewichtete Frömmigkeit wägen; und er befand sie keineswegs als zu leicht.

Liturgie und Leib

Weitere ebenso einfache wie grundlegende Bausteine einer liturgischen Kultur faßte er 1927 in dem elementaren Buch „Von heiligen Zeichen“ zusammen, welches gerade für die Jugend einer der wichtigsten „lebbaren“ Beiträge zur Ausbreitung des liturgischen Bewußtseins wurde. Die Beiträge sind unterschätzt, wenn man sie nur im Rahmen von Guardinis Bemühungen zur „Volksliturgie“ sieht. Wie die „Gemeinschaftliche Andacht zur Feier der hl. Messe“ (1920), der „Kreuzweg“ (1919) und „Der Rosenkranz unserer Lieben Frau“ (1940) gehört das Büchlein natürlich in diesen anspruchsloseren, aber von Grund auf durchdachten Rahmen.

24 Ebd. 142.
25 Zitiert bei *Ernst Tewes,* Romano Guardini, in: Liturgisches Jahrbuch 19, 3 (1969), 136.

Eine andere Frucht erzieherischer Arbeit in Rothenfels zeitigte das Bändchen „Liturgische Bildung" von 1923. Guardini gelingen im Vorwort programmatische Ausblicke: „Der ganze Mensch trägt das liturgische Tun. Wohl die Seele, aber sofern sie sich im Körper offenbart."[26] Ziel einer solchen Bildung ist „durchgeistigte Leiblichkeit", nicht „rein geistige Frömmigkeit". Hier fällt bereits das später zur zögernden Frage umgeformte Wort, der Mensch müsse wieder „symbolfähig" werden.[27] Erneut arbeitet Guardinis Denken an der grundsätzlichen Überwindung eines theoretischen Irrwegs: „Wir müssen weg von der verlogenen ‚Geistigkeit' des 19. Jahrhunderts. Verleibter Geist sind wir . . ."[28]

Zum Ausdruck kommt hier die denkbar einfache Grundlegung liturgischen Vollzugs: das Durchscheinen der seelischen Haltung im Leib, Liturgie als Transparenz von Innen und Außen, von Göttlichem und Menschlichem, von Unsichtbarem und Sichtbarem. Deswegen ist Guardinis Grundbesinnung auf die Liturgie nicht von der Ästhetik – wie ihm unterstellt wurde –, sondern von der Symbolik angeleitet. Diese Liturgie war für jeden gedacht und denkbar, sie war nicht eine Sache geschulter Mönche. Guardini überbrückte die Kluft zwischen der bisherigen monastischen Erneuerung der Liturgie und der für die Laien vollziehbaren – wie Rothenfels überhaupt die Neugestaltung des Lebens aus dem Glauben für die *Laien* werden sollte und wurde.

Die späte Sorge um die Liturgiefähigkeit

Hat man die Grundbewegung des Liturgischen bei Guardini erfaßt, das Sichtbarwerden eines Unsichtbaren, die Verleiblichung des Geistes als den Nachvollzug der Inkarnation Jesu in den Zeichen der Sakramente, so ist die Frage des späten Guardini 1964 einfachhin folgerichtig, ob der Mensch heute noch liturgiefähig sei, d. h. nämlich, ob er „die andere Seite" im

26 Liturgische Bildung, Rothenfels 1923, Vorwort.
27 Ebd. 15f.
28 Ebd. 26.

liturgischen Tun überhaupt wahrnehmen könne. Guardinis zunehmende Befürchtung ist ja gerade, daß im Laufe der Neuzeit der Mensch diese andere Seite überhaupt nicht mehr spüre, erfahre, bedenke, ernstnehme. Wenn dies aber der Fall ist, nämlich der Fall der Autonomie und Selbstgenügsamkeit in dieser Welt, so kann ein „Hören und Gehorchen" dem anderen Bereich gegenüber nicht plötzlich liturgisch hergestellt oder „gemacht" werden.

Könnte man sich eine Liturgie denken, die sich – so merkwürdig es klingt – aus anderen Quellen als dem Erleben und Erfahren speist? Gleichsam eine „nackte" Liturgie, rein aus dem Glauben, bloß aus dem Gehorchen? Eine Liturgie, die kein Echo im Subjektiven mehr hat? Diese Entblößung zeichnet sich für Guardini je länger je mehr ab. Der Weg des Glaubens in die Zukunft ist ihm mehr von der Armut des Nicht-Wissens und Nicht-Sehens als vom Reichtum bezeichnet.

4. Ekklesiologie

Ein zweiter großer Themenkreis sind Schriften zur *Ekklesiologie*. Die Vorträge „Vom Sinn der Kirche"(1922) markieren mit ihrem ersten programmatischen Satz die unerwartete Wendung einer ganzen Generation: „Ein religiöser Vorgang von unabsehbarer Tragweite hat eingesetzt: Die Kirche erwacht in den Seelen." Kirche nicht mehr als von außen auferlegte Institution, sondern als mystischer Leib Christi, dem jeder einzelne sein Innerstes, Grundlegung der Freiheit, Grundlegung der Welterfassung verdankt. Es gelang Guardini, gerade der Jugend die von der Kirche eröffnete Polarität von Autorität und Gehorsam, von Bindung an Herkunft und Bestehen der Zukunft deutlich zu machen: „. . . daß die Kirche nicht unfrei mache, sondern im Gegenteil die volle Freiheit zum Ganzen des Daseins gebe; daß sie nicht den Charakter der Einschränkung, sondern den der Fülle habe. (. . .) In ihnen (= den Vorträgen) wurde mir auch deutlicher, was meine eigentliche Aufgabe sei: nicht die Forschung eines theologischen Faches fortzuführen, sondern mit wissenschaftlicher Verantwortung und auf hoher geistiger Ebene die christliche Wirklichkeit zu deuten."[29]

Guardini war damit nicht nur der Schritt aus seinem ersten Themenkreis, der Liturgie, in den nächsten, die Ekklesiologie gelungen; gelungen war ihm auch das immer bewußtere Standfassen in seiner eigenen, so wenig normierbaren Begabung. Der erste Satz der Vorträge vom „Erwachen der Kirche in den Seelen" wurde berühmt – aber nur deshalb, weil hier wirklich ein geniales Formulieren des Atmosphärischen gelang. Bis zum Sammelband „Kirche des Herrn" (1963), Johannes XXIII. gewidmet, zieht sich derselbe Bogen. Da er in einem anderen Beitrag noch gewürdigt wird, mag dies hier genügen.

5. *Weltanschauung durch Existenzanschauung*

Im Jahre 1923 wurde Guardini auf den neu errichteten Lehrstuhl für „Katholische Religionsphilosophie und Weltanschauung" an der Universität Berlin berufen. Guardini selbst war über den Titel seines Lehrstuhls nicht uneingeschränkt glücklich.[30] Es hing durchaus ebenso von seinem Geschick und seiner Methodenfindung wie von seinem Wahrheitsverständnis ab, den Lehrstuhl von dem Geruch eines möglicherweise propagandistischen Instruments der katholischen Kirche freizumachen und ihn einfach durch die Qualität der Aussage aus einem bloß apologetischen Zusammenhang zu lösen.

Was die inneren Voraussetzungen betrifft, so fand Guardini das Wort ‚Weltanschauung' eindeutig besetzt vor. Und noch während seiner Lehrtätigkeit sollte sich eine fanatisch ausschließliche Weltanschauung entwickeln, die in ihm einen auszuschaltenden Gegner witterte und in deren vergiftendem Umfeld er seinen Entwurf überzeugend vertreten mußte.

29 Berichte über mein Leben 36f.
30 Ebd. 37f, 42ff.

Guardini kennzeichnet später selbst jene vorgefundenen Möglichkeiten, auf die Welt zu blicken: „Zuerst war er (= der Begriff Weltanschauung) der Ausdruck des neuzeitlichen Relativismus und Subjektivismus in religiösen Dingen, der nicht mehr an eine Wahrheit glaubte, sondern nur an eine von persönlichen, geschichtlichen und volklichen Voraussetzungen bedingte Anschauung (vgl. Dilthey, Troeltsch, Jaspers). Dann kam die Bedeutung, die ihm der politische Totalitarismus gegeben hat u.s.w. Dem gegenüber mein Versuch, ihm seinen Ort zwischen Offenbarungsglaube einerseits und empirischer Betrachtung andererseits anzuweisen."[31]

Guardinis Anspruch auf die Wahrheit und das Ganze

Es besteht Anlaß zu der Vermutung, daß der Berliner Lehrstuhl seine Gründung nichts anderem verdankte als dem Durchspielen einer neuen Variante im Reigen der Weltanschauungs-Perspektiven. Liest man Guardinis Antrittsrede im Rahmen der genannten Vorgaben, so ist sie im Grunde genommen unerhört. Er griff den Gedanken der Ganzheit als Thema der Weltanschauung auf, bestritt aber zu gleicher Zeit, daß diese Ganzheit sich nur aus individuellen Perspektiven zusammensetzen lasse. Guardini sprach von Wahrheit, wo vorher nur von Relativität die Rede gewesen war. Guardini sprach von der Offenbarung als Garant der Wahrheit, wo vorher die Religion bereits als eine der möglichen Perspektiven selbst relativiert worden war. Ja, er führte den Begriff des Katholizismus nicht als Variable in den Reigen möglicher Standpunkte ein, sondern nahm ihn ausdrücklich, wenn auch in keiner Weise polemisch, aus der Schar der anderen Variablen heraus und erklärte ihn zur einzig möglichen Konstante. Daß dieser Versuch unwidersprochen blieb, mag zum Teil an der Liberalität des Berlins der 20er Jahre liegen, zum Teil aber an Guardinis Art, den so sicher vollzogenen Blick auf die Welt seinen Hörern zu vermitteln. Als die Nationalsozialisten diesen Anspruch der Objektivität

31 Brief an Heinrich Fries vom 1. 7. 1952 (Bayerische Staatsbibliothek München).

1939 durch einen Gewaltakt aufhoben, zeigten sie damit ungewollt die instinktiv richtige Einschätzung des Anspruchs.

Bereits in der Antrittsvorlesung („Vom Wesen katholischer Weltanschauung“, 1923)[32] gelingt Guardini die Formulierung und Einsicht in *seine* eigentliche Methode, die ihm zugleich den Inhalt seiner Aufgabe deutlich macht (wie eben der Weg das Ziel einschließt). Sie beginnt mit dem Abschied vom bloßen Zusammenfassen anderer Methoden: „Die Weltanschauung hingegen sucht das Ganze nicht durch Synthese von Einzelheiten. (...) Das Ganze, Weltmäßige, darauf sie sich richtet, bedeutet nicht, daß alle Einzelheiten tatsächlich erfaßt und zusammengeordnet seien; besteht nicht in einer Vollständigkeit der Sachgehalte, sondern in einer vom ersten Augenblick an und in jeder Einzelheit erfaßten Ordnung, Richtung, Bedeutung der Dinge. Die Weltanschauung sieht jedes Ding von vornherein ‚ganzhaft‘. Sieht es als Ganzheit in sich selbst und als in eine Ganzheit eingefügt. Diese Ganzheit, diese ‚Welt‘ ist, wiederum gesagt, kein Endergebnis, das herauskommt, sobald alle Teile erfaßt sind, sondern von vornherein da.“[33] Was Guardini hier sich auszudrücken müht, ist die bisher wenig gewürdigte Mitte seines Hinblickes auf Wirklichkeit. Es handelt sich nicht um ein gliederndes Verstehen, das aus beobachteten Einzelheiten Schritt für Schritt zu einem Ergebnis weitergeht, oft in der Sprachform „wenn – dann“ oder „weil – deshalb“. Hier geht es nicht um ein abschließendes Ziel, sondern am Ende ist der Gedanke des Anfangs wieder erreicht, aber nicht einfachhin als derselbe, sondern alles „rundet“ sich reicher als zuvor, bleibt aber offen für immer Weiteres, wie die Spirale.

Der Abstand zum Ganzen oder die Fülle der Perspektiven: Christus und die Kirche

Guardini nimmt eine weitere wesentliche Unterscheidung zu den sonstigen Weltanschauungslehren vor: Nicht nur Ganzheit

32 Neu aufgelegt Basel 1953, mit einem Nachwort von Heinrich Fries.
33 Ebd. 10f.

ist das ‚Programm' dieses Blicks, sondern auch Abstand vom Ganzen. Also sowohl ein ‚Darinsein' wie ein ‚Darüberstehen'. Wie ist das möglich?

Wieder kommt jene Paradoxie ins Spiel, die Guardini als ‚Gegensatz' zu fassen suchte: „Der Schauende (muß) die Welt umfassen, ja durchdringen, zugleich aber von ihr frei sein."[34] Es kann sich bei diesem Freisein allein um eine andere Qualität des Standpunkts handeln, der die Welt weder verneint noch unbeteiligt sich selbst überläßt, noch in ihr aufgeht, sondern sie beurteilt nach dem Maßstab einer anderen Qualität: der Wahrheit. Bei aller Bescheidenheit im Ton bringt Guardini gegenüber der Tradition der Weltanschauungen das Reizwort des *unabhängigen* Standpunktes zur Sprache. Ungenannt ist es das Postulat der Wahrheit, formuliert wird sie religiös als Offenbarung. Guardini wird deutlich: Die Gestalt Christi, worin die Offenbarung gipfelt, stellt die Welt in Frage und unter ein Gericht. „Christus hat den vollen Blick der Weltanschauung. Der weltschauende Blick ist der Blick Christi."[35]

Guardini setzt damit einen unerhörten Auftakt an der liberalen Berliner Universität jener Zeit: die Behauptung einer „angefochtenen Zuversicht"[36] des Glaubens, der alles beurteilt, selber aber nicht beurteilt wird. Eine weitere „Zumutung": Guardini macht die Fülle des Glaubens, die Fülle der gewonnenen wahren Einsichten fest am Katholizismus, d. h. an der Kirche. Sie wird in keiner Hinsicht triumphalistisch verstanden, sondern als Bündelung wechselnder geschichtlicher Perspektiven, in der wesenhaften Mitte des Glaubens, welche der Zufälligkeit enthoben bleibt und die Erkenntnis des einzelnen vor aller Einseitigkeit sichert.

Damit garantiert die Kirche Ganzheit für die normalen Blickbeschränkungen des Typus. Es beleuchtet Guardinis Kirchenverständnis aufs tiefste, daß ihm die Besonderheit der geschichtlichen Einzelpersönlichkeit im Ganzen der kirchlichen Wahrheit aufgehoben scheint: eine ungeheure Beheima-

34 Ebd. 21.   35 Ebd. 25.   36 Ebd. 27.

tung, in welcher das Mißtrauen gegen die Relativität der Erkenntnis als unzureichend zurücktritt. Daraus der ungewöhnliche Satz: „Das Katholische ist kein Typus neben anderen . . . (Es) umfaßt in sich alle typischen Möglichkeiten wie das Leben selbst.“[37] Guardini weiß sehr wohl, daß die geschichtliche Erscheinung des Katholizismus, insbesondere seiner eigenen Zeit, sich in eine ungute Vereinzelung neben den und gegen die anderen Konfessionen drängen ließ. „Man hat versucht, einen ‚katholischen Menschen‘ neben den protestantischen, buddhistischen, antiken, kapitalistischen zu stellen. Dieses Nebeneinander, und jedes solcher Art, ist falsch.“[38]

Guardini formuliert hier, die kirchliche Verengung des Selbstverständnisses im 19. Jahrhundert lösend, daß der Katholizismus seine ursprüngliche Ganzheit nur wiedergewinne und damit unter Beweis stelle, wenn er die Gegensatzhaltung zu anderen religiösen Gruppen aufgebe. Die Gegensetzung dränge ihn nämlich in eine Einzel-Typik, die der ‚Umfassendheit‘ seines eigenen Anspruchs zuwiderläuft. „Wir haben nun die letzte Antwort auf die Frage gewonnen, was katholische Weltanschauung sei: Der Blick, den die Kirche im Glauben, aus dem lebendigen Christus heraus und in der Fülle ihrer übertypischen Ganzheit auf die Welt tut.“[39]

Guardinis Absicht ist es im letzten, nichts anderes als diesen Blick lebendig in der Gegenwart zu wiederholen. So beansprucht er nicht, Neues zu sagen. Er betrachtet sich vielmehr als jemanden, der dem seit jeher von der Kirche Gewußten Sprache verleiht. In einem Brief, eineinhalb Jahre später entstanden, aber aus derselben Bescheidung heraus geschrieben, heißt es ähnlich: „Vor einiger Zeit hatte ich mich einmal zu besinnen, worin ich Aufgabe und Sinn meiner Arbeit sehe. Da konnte ich aus lauterer Überzeugung sagen: Ich will Interpret der Kirche sein, sonst nichts. Eigenes, Neues habe ich nichts irgend Wesentliches zu sagen. Ich möchte selbst lernen, durch alles Oberflächenwesen hindurch zum Herzen der Kirche zu

37 Ebd. 33f. 38 Ebd. 34. 39 Ebd. 38.

dringen, um von dort her Gott und Christus und das Leben zu verstehen, soweit mir davon zugemessen ist, die Maßstäbe zu finden, nach denen bewertet werden muß, und die Ordnungen, nach denen alles recht ist. (...) In meinem persönlichen Schaffen, Kanzel, Schule, Lehrstuhl, immer ist es das Gleiche. Und wenn mir jemand sagt, ich sage doch eigentlich bekannte Dinge, so habe ich im Grunde nichts dagegen."[40]

Deutungen der menschlichen Existenz

Ein Typus der Vorlesungen in Berlin befaßte sich mit Gestalten der Geistesgeschichte in der erstaunlichen Breite zwischen Sokrates und Rilke, ja mit dem Ausgriff auf Buddha. Welt-Anschauung wird hier zur Gestalt-Anschauung, und zwar mittels der Sprache: des Gedichtes, des Textes. Die Gestalt aber wird Spiegel der Welt, mehr noch: jeweilige Mitte der Welt. Universalität war für Guardini ja nie nur ein enzyklopädisches Sammeln, sondern die innere Fruchtbarkeit, mit der sich die Welt in einem einzelnen findet, mit der ein Mensch auf die Welt zurückwirkt. Daß es diese neuartigen Vorlesungen waren, die am meisten Hörer anzogen, erweist ihren existentiellen, nicht musealen Charakter – nicht nur für das Auditorium, viel mehr noch für Guardini selbst.

Victor von Weizsäcker hat aus einer immer wieder erneuerten Bekanntschaft mit Guardini heraus einmal die gewagte und prüfenswerte Kennzeichnung versucht: „Aber von Barth ebenso verschieden wie von Wittig, ist er der eigentliche homo religiosus; ich meine damit den unablässigen subjektiven Kampf eines Menschen um die religiöse Wahrheit. (...) Guardini ist kein Theologe, er ist fast ein Märtyrer der geistigen Versuchungen zu nennen. Immer muß er einen Ketzer an seine Brust drücken und mit ihm ringen, Kierkegaard, Dostojewskij, Sokrates; Barth ist imposant, Wittig ist liebenswert, Guardini ist ergreifend."[41] Tatsächlich befragt sich Guardini in den gewählten Gestalten selbst, findet in ihnen den unbegründba-

40 Brief an Frater Manfred Hörhammer vom 26. 12. 1925 (Archiv Burg Rothenfels).
41 *V. von Weizsäcker,* Begegnungen und Entscheidungen, Stuttgart 1949, 33.

ren Widerhaken eigenen Interesses – und ist dabei am wirksamsten.

Ausdruck desselben inneren Angezogenseins ist Guardinis gleichzeitiger Abstand von Sekundärliteratur. Er mußte sich zwingen, zu einem Thema über das Notwendigste hinaus Arbeiten anderer Interpreten zu lesen: „Ich verzichtete bewußt auf das jeweilige Fachwissen. Ich suchte, so gut ich es vermochte, vor die Fragen selbst zu gelangen und mit ihnen fertig zu werden; so tief als möglich in die Texte einzudringen und aus ihnen heraus zu arbeiten. Das bedeutete natürlich ein Wagnis – man kann auch sagen, eine Vermessenheit.“[42]

Zum Zurücktreten Guardinis hinter der Gestalt eines anderen ist zu sagen: Natürlich drückt sich schon an der Auswahl Guardinis eigenes Erleben und denkerisches Durcharbeiten aus. Zweifelsohne gilt der Satz Goethes: „Hätte ich nicht die Welt durch Antizipation bereits in mir getragen, ich wäre mit sehenden Augen blind geblieben, und alle Erfahrung wäre nichts gewesen als ein ganz totes und vergebliches Bemühen.“ So spricht Guardini aus „Wahlverwandtschaft“ auf ein Denken an, das ihn in seinem Eigensten intuitiv anrührt. Damit ist nur eine mittelbare Selbstdarstellung gegeben, und doch ist sie Ausweis von Guardinis wirklicher Stärke. Hier kommt ins Spiel die Qualität der Ehrfurcht, die dem Größeren gegenüber die Erfahrung des eigenen Ungenügens macht, zugleich aber ein verehrendes Einlassen auf dieses Größere darstellt.

Guardini unterscheidet in der Münchner Dante-Vorlesung 1952 zwei Weisen der Größe: „Selbst groß zu sein oder anzuerkennen, daß andere größer sind als man selbst, und man gewinnt Anteil.“[43] Bereitung zu dieser Haltung ist durchgehend ein Anliegen der inneren Askese, der Zurücknahme eigener Wünsche. Die Begegnung im Gespräch bedarf aber auch eines Zweiten: Sie muß ein nicht Erklärbares als Grund der Person des anderen stehenlassen. „In der Begegnung tritt nicht nur das Wesenhafte und Einmalige, sondern auch das Geheim-

42 Berichte über mein Leben 47.
43 Mitschrift von Elisabeth Gössmann.

nis hervor."[44] So ist es bezeichnend, daß in den Werken Guardinis zehnmal der Untertitel „Versuche" steht – trotz und wegen allen angespannten Gesprächs jener noble Abstand, der nicht glauben machen will, alles oder gar das Letzte über einen anderen gesagt zu haben.

Als Siebzigjähriger kennzeichnet Guardini sein Umgehen mit einer vergangenen Gestalt als „inneres Sprechen"[45], das in seiner Notwendigkeit gleichzeitig immer schon die sprachliche Form bereithalte. Mit einem anderen Wort: Man könnte Guardinis Deutungen als geistige Begegnungen im personalen Sinn bezeichnen, tatsächlich in der Art eines gegenseitigen Anschauens, als „Her-Blick und Hin-Blick"[46]. Schon dadurch entzieht sich die gedeutete Gestalt einer herangetragenen Systematik, sofern sie nicht in ihrer eigenen Struktur Systematik aufweist. Es ist aber bezeichnend, daß die von Guardini gewählten Gestalten in der Regel weniger von der Systematik als vielmehr von visionären Erfahrungen, plötzlichen Einsichten, bis in die Tiefe anrührenden Bekehrungen geprägt sind.

Übrigens ergab sich daraus unabsichtlich und erst in zweiter Linie doch eine gewisse Systematik, die allerdings nur die Zusammenschau der behandelten Denker in einer nachträglichen Ordnung betraf. 1934 fügte Guardini in einem Gespräch das bisher Geleistete in folgende Koordinaten ein: „Dostojewskijbuch – Osten. Dantebuch – Süden. Beide sind Gegenpole. Pascal – Westen. Kierkegaard – Norden (Augustinus?)".[47]

Weniger bekannt sind seine Deutungen von Shakespeare und Montaigne in den 30er, von Kafka und Freud in den 50er Jahren. Weithin gelesen sind dagegen die großen Arbeiten über Hölderlin, Dostojewskij, Rilke, Sokrates und die kleineren Versuche über Raabe und abschließend Mörike (1957).

44 Religion und Offenbarung I, Würzburg 1958, 13.
45 Stationen und Rückblicke 28.
46 Religion und Offenbarung I, 20.
47 Romano Guardini im Gespräch mit Erich Görner, Selbstverlag Theatinerkreis, München 1984, 11.

6. Christologie

In der Berliner Benedikt-Kapelle hatte Guardini verschiedene Themen für seine Ansprachen, woraus zunächst das Buch „Vom lebendigen Gott" entstand. Um 1932 fing er mit Predigten über das Neue Testament an zum Thema „Der Herr". Aus der Ekklesiologie entfaltet sich so in einem konzentrischen Kreis die Christologie, die Guardini zusammen mit Karl Adam für die Jahre vor dem Zweiten Weltkrieg einleitet. Kennzeichnend für ein Werk wie „Der Herr" (1937) und für die zugehörigen Schriften „Jesus Christus. Sein Bild in den Schriften des Neuen Testaments" (1940), „Das Christusbild der paulinischen und johanneischen Schriften" (1961) und „Die menschliche Wirklichkeit des Herrn. Beiträge zu einer Psychologie Jesu" (1958) ist die Unmittelbarkeit phänomenologischer Wesensschau, mit der Guardini noch ohne die Hilfsmittel der historisch-kritischen Methode aus den Texten selbst das Antlitz des „Herrn" für den Glaubenden zu enthüllen sucht – immer tröstend und ratend begleitet von den Hinweisen auf das mögliche Verborgensein dieses Antlitzes, und wie der Glaubende mit dieser Leere umzugehen habe, sogar aus ihr leben könne.

Die Bedeutung des »Herrn« läßt sich erst erfassen, wenn man das Umfeld kennt, in dem Guardini das Buch entwarf. Aus einem Briefwechsel geht hervor, daß er die Gestalt Jesu ursprünglich in einem Vergleich herausarbeiten wollte – in einer für die damalige Zeit ungewohnten Fragestellung: „Tatsächlich bin ich auf die gewisse Parallelität zwischen der Persönlichkeit und der Lehre von Sokrates und ebenso der von Buddha zur Person Christi durch eigene Lektüre der Quellen gekommen. So hatte ich die Absicht, eine Art ‚Trilogie' zu schreiben, in welcher der Tod Buddhas, der des Sokrates und der Tod Jesu Christi in ihren Ähnlichkeiten, aber auch, und vor allem, in ihren Unterschieden analysiert werden sollten."[48] Was die Gestalt Buddhas angeht, so ist Guardinis Fragestel-

48 Brief an Sister Mary Louise de Marillac S.S.N.D. vom 3. 8. 1963 (Bayerische Staatsbibliothek München).

lung zu dieser Zeit einzig. Er hat Buddha immer als die eigentlich größte Herausforderung des Christentums durch Asien gekennzeichnet und ihm im „Herrn" einige blitzlichtartige Überlegungen gewidmet. „Vielleicht hat Christus nicht nur einen Vorläufer aus dem Alten Testament gehabt, Johannes, den letzten Propheten, sondern auch einen aus dem Herzen der antiken Kultur, Sokrates, und einen dritten, der das letzte Wort östlich-religiöser Erkenntnis und Überwindung gesprochen hat, Buddha."[49]

Die Trilogie kam nicht zustande, nur das Sokratesbuch und die verschiedenen Versuche zum „Herrn". In ihnen hat Guardini die Mitte seines christlichen Bewußtseins zur Sprache gebracht. Und er hat darin, seinem eigenen Empfinden nach, auch Letztmögliches im Rahmen seiner Kräfte formuliert. „Daß Du den ›Herrn‹ wünschest, freut mich sehr; er ist ja – zugleich mit dem Hölderlin – mein liebstes Buch."[50]

Gegen den „Herrn" ist vom heutigen Standpunkt unter dem Blickwinkel der historisch-kritischen Methode manches eingewendet worden. In der Tat hat sich Guardini diese Methode nie angeeignet – nicht nur, weil sie ihre Ausbreitung erst zu einer Zeit fand, in welcher er sich bereits zu alt zu ihrem Studium fühlte, mehr noch, weil diese Methode ihm wesentlich nicht lag. Guardini bestreitet nämlich nicht die natürlichen Erkenntnisstützen, ob sie aus der Geschichte, der Psychologie, den Geisteswissenschaften oder der Philosophie stammen. Ihr Zugriff wird nur abgelehnt, wo er sich nicht einer übergeordneten Erkenntnishaltung einfügt und in der bloßen selbstgesetzten Maßstäblichkeit bleibt. Anders: Natürliche Erkenntnisse bleiben gültig, wo sie sich der Erkenntnishaltung des *Glaubens* unterordnen. Dann dient jede Einzeleinsicht dem Ganzen, während sie sich sonst absolut setzt und ihren Gegenstand damit auf die Ebene des Erklärbaren, des Begriffenen, des Objektes herabwürdigt. Exegese ist ihm fragwürdig, sofern sie geschichtliche Erörterungen als Blick in die Vergangenheit

49 Der Herr 384.
50 Brief an Richard Knies vom 18. 12. 1940 (Nachlaß Knies, Diözesanarchiv Mainz).

vollzieht. Guardini wiederholt hier in einer eigenartigen Parallele die Warnung Nietzsches vor dem Historismus als dem Totengräber der Gegenwart. „Der Historismus verliert in seinem Gestern das Ewige und auch das Jetzt. So wird er unaktuell, akademisch. Das Wort Gottes (...) ist wesenhaft Anruf Gottes, aus seiner Ewigkeit in – nicht Zeit überhaupt, sondern – die heutige Zeit. So wird es auch theologisch nicht richtig erfaßt, wenn es nicht aus seiner Zeitunmittelbarkeit erfaßt wird. Es fällt aus dem Ganzen heraus, was wesentlich hineingehört: der ‚Hörer des Wortes', denn der ist der Heutige. Eben damit aber wird die Theologie zu einer gleichgültigen Angelegenheit."[51] Guardini moniert hier eine Gefährdung, die er bis ins Zentrum des theologischen Anliegens reichen sieht.

Welche Haltung ist dann erkenntnisleitend gefordert? Guardini nennt sie die *pneumatische,* einfacher, aber auch abgegriffener ausgedrückt: die glaubende. In ihr bleibt alles an sonstigen Erkenntnissen bestehen, wird nur nicht in seiner (neuzeitlichen) Selbstherrlichkeit belassen. Die düsterste Beschreibung geht dahin, zu sagen, die neuzeitliche Exegese habe zwar „die bedeutungsvollsten Einzelergebnisse hervorgebracht, aber ihren eigentlichen Gegenstand verloren und damit aufgehört (...), überhaupt Theologie zu sein."[52]

Auslegung der Gestalt Jesu

Guardini geht von der ebenso einfachen wie ungewöhnlichen Voraussetzung aus, die Gestalt Jesu in den Evangelien so zu betrachten, wie sie sich darstelle – d. h., das synoptische Jesusbild gemeinsam mit dem johanneischen in den Blick zu nehmen; dasselbe »unbefangene« Wahrnehmen richtet sich auf den Kyrios des Paulus, der nicht gegen den Christus der Apokalypse oder den Menschensohn aus Nazareth auszuspielen ist.

Im „Herrn" zeichnet Guardini chronologisch, also von der Geburt bis zur Apokalypse, die Grundgestalt Jesu nach, und zwar nicht im Sinne seines irdischen Lebens allein, sondern

51 Heilige Schrift und Glaubenswissenschaft, in: Die Schildgenossen 8 (1928), 51 f.
52 Das Christusbild der paulinischen und johanneischen Schriften, Würzburg ^{2}1961, 14.

dieses Leben als von Anfang an durchsichtig auf die göttliche Wirklichkeit. In Ihm äußert sich Gott, und das Zusammentreffen von göttlichem Leben und endlicher Geschichte macht im Blick Guardinis das Drama Gottes selbst aus. Wo die Fülle auf die Begrenzung trifft und die absolute Macht auf die freiwillige Ohnmacht – in dieser Vereinigung steht die Gestalt Jesu unnachahmlich, unvergleichbar, einzig. Je mehr über diese Konstellation gesagt wird, desto mehr bleibt im Grunde offen, desto geheimnisvoller öffnet sich die Betrachtung in eine unerschöpfliche Tiefe. Auch hier ist nicht System gefragt, kein Einbegreifen Jesu in eine Struktur, keine Erklärung des Unerklärlichen; im Gegenteil, je stärker das Unerklärliche in seiner Wirklichkeit hervortritt, desto näher kommt man in den Bannkreis des Gemeinten.

7. Die kulturkritischen Schriften

Guardini beschäftigte sich seit langem mit der Frage nach dem Epochenbruch. Schon die „Briefe vom Comer See" (1923–25) markieren das Ende einer Kultur, das Guardini noch nicht im epochalen Maßstab, jedenfalls aber als Einbruch eines neuen und noch unbenannten Denkens und Lebens (meist schmerzlich) empfindet. 1950 erscheint „Das Ende der Neuzeit", ein Jahr später gefolgt von dem Buch „Die Macht". Eine dritte zugehörige Auseinandersetzung mit Nietzsche[53] wird nicht ausgeführt. Im „Ende der Neuzeit", womit Guardini wieder einmal eine sich durchsetzende Formulierung fand, ist auf verdichtete Weise zusammengefaßt, was ihn jahrzehntelang bewegt. Ähnliche Gedanken finden sich vorausgehend schon in „Welt und Person" (1939), „Freiheit, Gnade, Schicksal" (1948) sowie in den späteren Reden „Der unvollständige Mensch und die

53 Tagebuch vom 23. 3. 1954; in: Wahrheit des Denkens und Wahrheit des Tuns. Notizen und Texte 1942–1964, hrsg. von F. Messerschmid, Paderborn 1980, 87. – Allerdings liegt im Nachlaß (Ana 342, Bayerische Staatsbibliothek München) ein unveröffentlichtes Typoskript über Nietzsche.

Macht“ (1955) sowie „Die Kultur als Werk und Gefährdung“ (1957).

„Das Ende der Neuzeit“ ist ein Orientierungsversuch, nicht nur für eine aus den Trümmern kommende Studentengeneration. Guardini unternahm es, das Daseinsgefühl des Mittelalters nachzuzeichnen, das von der hierarchischen Geschlossenheit, Ordnung und Harmonie des Denkens in den Summen, der ständischen und gesellschaftlichen Gliederung, des politischen und kosmischen Aufbaus geprägt war: eine Zeit, der seine leise Vorliebe galt trotz ihrer dunklen Seiten, die er nur andeutete, aber nicht ausführte. Demgegenüber löst sich in seiner Sicht die Neuzeit ab im Versuch einer dreifachen Autonomie: der Natur als Quasigöttin oder als lenkender heilender Macht, des Subjekts oder der Persönlichkeit und der Kultur als der Werte tragenden, vom Menschen geschaffenen zweiten Natur.

Guardini sieht in der selbstgesetzlichen Ablösung vom Urgrund des tragenden Göttlichen schon die Gefährdung angelegt, nämlich die Zerstörung der Weltbilder und ihrer Wertbindungen, weil die Begründung der Werte ausschließlich aus dem erfahrenen Diesseits, aus der „Natur“, ihre Stichhaltigkeit bei genauem Nachfragen verliert. Insbesondere beweist gerade die technische und naturwissenschaftliche Forschung ihre Nichtabhängigkeit von Wertfestlegungen. Guardini hat darüber hinaus, wie es der Untertitel „Versuch einer Orientierung“ ankündigt, Kennzeichen des Kommenden angezeigt: negativ in den Phänomenen der Masse und der Macht. Trotzdem herrscht kein wohlfeiles Untergangsdenken, auch keine Stimmung von „Nachrufen auf das Abendland“. Die Bedrohung der Person wird zugleich ihre Chance: Sie fordert eine neue Entschiedenheit gegen das durchbrechende Kollektiv. Es sind die drei Haltungen der Wahrheit, der Tapferkeit und des Vertrauens, die in dieser Epochenwende eine tiefe, notwendige Bedeutung erlangen. Mit ihrer Entfaltung wird das Christentum zu seiner heute anstehenden Aufgabe finden, ja dazu gedrängt werden.

Betrachtet man die Struktur des Kommenden, so ergeben

sich genauerhin die Grundschwierigkeiten, wie in einer Kultur der Masse überhaupt die Persönlichkeit existieren könne. Die Antwort lautet, daß vermutlich die reiche und freie Fülle der Persönlichkeit untergehen werde, aber „Person", „das Gegenüber zu Gott, die Unverlierbarkeit der Würde, die Unvertretbarkeit in der Verantwortung, mit einer geistigen Entschiedenheit hervortreten, wie sie vorher nicht möglich war. So seltsam es klingen mag: die gleiche Masse, welche die Gefahr der absoluten Beherrschbarkeit und Verwendbarkeit in sich trägt, hat auch die Chance zur vollen Mündigkeit der Person in sich."[54]

Fragt man nach der Religiosität der kommenden Zeit im einzelnen, so ergibt sich aus der äußersten Bedrängnis des Abbaus nachwirkender mittelalterlicher Elemente vor allem eine Klarheit: die Klarheit über die wesentliche Unchristlichkeit der kommenden Epoche und die dadurch gleichsam erzwungene Entschiedenheit im Christlichen. Dies äußert sich weniger in der Theorie, dort auch, aber bedrängender im scharfen Hervortreten der nicht-christlichen Existenz. Der neue Heide unterscheidet sich vom antiken dadurch, daß er dessen naive Jugendlichkeit verloren hat, aus dem Ernst der Entscheidung gegen Christus leben muß.

Die bisherige, auch kulturelle Selbstverständlichkeit des Christentums wird vom Nicht-Selbstverständlichen abgelöst; zu Tage tritt eine Unbedingtheit, die auf der anderen Seite des Gottesverhältnisses den reinen Gehorsam entwickelt, aber nicht einen gewollten oder gedachten Gehorsam, sondern ein gänzlich existentielles Vertrauen. Der Ausblick nennt die Einsamkeit im Glauben furchtbar. Einsamkeit bedeutet aber auch Unmittelbarkeit sowohl zu Gott wie zu dem anderen Einsamen. Hier berührt sich das innergeschichtlich Kommende mit der Eschatologie. Sie verlangt eine Haltung, die bisher in dieser Weise nicht angefordert war, weil sie sich auf immer wirksame Weise noch im Halt an einer christlichen Kultur abstützen konnte. Die neue Haltung wird aber über diese Mittelbarkeit

54 Das Ende der Neuzeit. Ein Versuch zur Orientierung, Würzburg 1950, 71.

hinaus das Reich Gottes in Unbedingtheit bedenken und zur Sorge machen. Ob dies Ausdruck auch eines geschichtlichen Endes ist, muß offengelassen werden: „Wird also hier von einer Nähe des Endes gesprochen, dann ist das nicht zeithaft, sondern wesensmäßig gemeint: daß unsere Existenz in die Nähe der absoluten Entscheidung und ihrer Konsequenzen gelangt; der höchsten Möglichkeiten wie der äußersten Gefahren."[55]

Es ist immer wieder bewegend zu lesen, wie Guardini durch seine eigene Trauer hindurch das Neue wachsen sah. Er hat gewissermaßen sein eigenes Herz überwunden: „Und sie (die Schrift) sollte den überall wirksamen Romantismus, welcher das als sympathisch Empfundene mit dem historisch oder gar glaubensmäßig Richtigen gleichsetzt, erschüttern."[56] Dies tat ihm schon vom Künstlerischen her weh, gleichwohl stellte er sich der Bedrängung. Vielleicht ist Guardinis innerer Kampf am besten ausgesprochen schon in den „Briefen vom Comer See", in denen die Überwindung der Seele und des Herzens durch die Notwendigkeit des Kommenden gefordert ist: „Die Seele ist uns berührt von einem Großen, das heraufkommen will. Und das, obwohl wir die Fragwürdigkeit spüren, und obwohl uns die Köstlichkeit des Alten hell leuchtet. Sehr klar muß einer gesehen haben, worum es geht, soll er dafür mit festem Herzen die unaussprechliche Edelkeit des Vergangenen opfern."[57]

8. *Anthropologie*

Schließlich noch die großen *anthropologischen* Entwürfe seit den zwanziger Jahren (1922 lag bereits eine „Ethik" in Guardinis Bonner Schublade!), abgeschlossen 1976 mit der postumen „Existenz des Christen". Geschult an den großen abendländischen Gestalten, war Guardini zutiefst ein Denker der christli-

55 Ebd. 116.
56 Brief an Josef Pieper vom 2. 3. 1951 (Bayerische Staatsbibliothek München).
57 Briefe vom Comer See, Mainz 1953, 94.

chen Existenz, im Sinne ihrer großen Herausforderung an den nur natürlichen Menschen, im Sinne ihrer „Unmöglichkeit", die doch von der Offenbarung gefordert, ja unabdingbar herausgerufen wurde. Guardinis Denken kreist um die Personwerdung des Menschen, die zu gleicher Zeit notwendig und äußerste Sinngebung, aber auch eine letzte Anspannung aller Kräfte bedeutet. Trotzdem: Wird diese Anspannung nicht vollzogen, wird paradoxerweise auch die Welt nicht richtig gesehen und gelebt. „Welt und Person" (1939) sind in einem innersten Sinne nur aneinander möglich; von daher ist erst dem Christen als Person auch die Welt in ihrem eigentlichen Wesen zugänglich.

Übrigens gewinnt Guardini mit der Philosophie der Person auch eine Kritik des Existentialismus, der die übersteigerte Abhebung auf den Menschen als ausschließlichen Gegenstand des Nachdenkens zum Thema hatte. In Guardinis Denken wird Anthropologie zurückgebracht auf ihr ausschnitthaftes Maß innerhalb einer Gesamtwirklichkeit. Die Aufgabe der Zukunft bestünde nach ihm darin, das Ganze der Welt in den Blick zu nehmen und den Betrachter dabei einzubegreifen. Der Betrachter selbst müßte eine Haltung der Universalität gewinnen, die auch ein Bewußtsein vom Kosmos umschließt.[58] Damit hängt zusammen das Gewinnen einer nachneuzeitlich „offenen Haltung". Dies hat nichts mit einem Unbestimmt-Standpunktlosen zu tun, sondern mit „Einsicht in die eigenen Grenzen", mit „Überwindung der Anmaßung und der engen Individualwelt". Diese Formulierung spricht nichts anderes als die Forderung aus, über die Neuzeit hinausgehend eine andere Haltung anzunehmen. Haltung deswegen, weil sie einem Gehaltensein entspricht – erstmals wieder und neu. Von Haltung zu reden bedeutet nämlich, die seit 400 Jahren eingeschliffene Ichverhaftung des Individuums aufzugeben, damit seine Setzung als Maß und Mitte der Welt, seinen Glauben an die Grenzenlosigkeit sei es des Fortschritts oder der eigenen „Macht" oder eigener wie fremder Veränderbarkeit.

58 Der Gegensatz. Versuche zu einer Philosophie des Lebendig-Konkreten, Mainz [2]1955, 198.

Was Guardini mit der Überlegung von der „offenen Haltung“ leistet, ist ein befreiendes Hinweisen auf das mögliche Bestehen der Zukunft.

Statt Grenzenlosigkeit tritt ihm – als Grund der Offenheit! – die *Grenze* in den Blick, aber nicht die mit Widerwillen eingeräumte, sondern die *bejahte*. Die „Grenze zum Gesetz der Vollkommenheit machen“: ein großartiger Satz, ebenso großartig die Wendung von der „Form durch Schranke“.[59] Guardini schlägt den Verzicht vor: Erst im Verzicht auf eine seit langem eingeübte Unendlichkeit des Wollens (gleich Unmäßigkeit) gelingt das jetzt Entscheidende, „die Sättigung des Endlichen mit Vollendung“. Hier erscheint das letztlich bewegende Ziel der Guardinischen Anthropologie in ihrer ganzen Helle: nicht allein der Wille zur ganzheitlichen Sicht, sondern die souveräne Neufassung beladener und belasteter Begriffe wie Grenze, Schranke, Endlichkeit, Zucht, Mitte, Maß. Aufgegeben ist nicht das bloß keuchende Überleben, sondern das Gewinnen einer aufgerichteten, in sich klaren Identität, aus dem Anruf Gottes heraus, woraus die Schwebe zwischen den Un-Möglichkeiten (des heutigen Niedergangs und Aufgangs in einem) möglich wird. Gerade das bestimmt Guardini als Menschsein.[60]

9. *Die Gottesfrage*

Je länger je mehr schiebt sich innerhalb dieser konzentrischen Themenstellungen die Gottesfrage in den Vordergrund. „Nur wer Gott kennt, kennt den Menschen“, so das Thema des Vortrags auf dem Berliner Katholikentag 1952. Guardinis Anthropologie ist nur denkbar aus seiner Theologie heraus. Personalität ist jenes „Innen“, das er, allgemein sprechend, von einem „Oben“ gehalten sein läßt, weil es erst von daher, erweckt, angerufen, personal, Antlitz gewinnt. Dieses „Oben“ kann im tiefsten nicht neutral bloßgelegt, analytisch zerfasert werden,

59 Ebd. 208.
60 Ebd. 210.

weil man damit in jenes Geheimnis gerät, das Guardini zu nennen und noch viel mehr nicht zu nennen als die eigentlich existentielle Aufgabe kennt. Theologie, die jenes Geheimnis nicht nach langer Denkbemühung stehenläßt, verfehlt überhaupt ihren „Gegenstand" – von daher Guardinis Bemühung, Theologie überhaupt aus dem methodischen Zugriff der anderen Wissenschaften, besonders aus dem naturwissenschaftlichen Begreifenwollen herauszuhalten. Die „Sorge um die Welt" ruht auf der grundlegenden „Sorge um Gott".

Das genannte Geheimnis umfaßt die Frage, die an Letzt-Fragbares heranreicht, weshalb Gott überhaupt Endliches geschaffen habe. Guardinis letzte, auch theoretische Bedrohung war das Denken der Endlichkeit des Menschen, wie sie in den „Theologischen Briefen an einen Freund" behandelt wird. Endliches hat psychisch gesehen einen verwandten Stellenwert mit der Vergangenheit, überhaupt mit allem, was in der Form von Unwiederholbarem, Abgeschlossenem, Unwiederbringlichem auftritt und sich damit gegen eine Korrektur, ein „Richten" wehrt. Daß damit, wiederum psychisch, eine ausdrückliche Bindung des Endlichen an das Unendliche, seine „Aufhebung" gedacht werden muß, ist der Antrieb, aus dem Guardini existentiell die Gottesfrage stellt. Nur in der Bindung an ihn wird die Erde, Prototyp dieses Dunklen, Mächtigen, in sich Verschlossenen, erträglich. „Wenn Gott einst gnädig ist, wird man in Ihm alles Geschehene wiederfinden. Dann ist Er mein Gedächtnis – und, so mag Er es geben, im Raum der Liebe."[61] Gott ist für Guardini Antwort auf die Bedrohung, die im Raum der Schöpfung selbst liegt: Er ist persönliche Antwort auf eine persönliche Bedrohung. Von daher ist niemals die Abstraktion eines Gottesbegriffs, niemals Wahrheit als Abstraktion Guardinis theologischer Ausgangspunkt. Theologie antwortet entweder auf tiefste persönliche Not in der Weise, daß sie den Not-Wendenden, den Souverän über diese Not erweist, oder sie antwortet überhaupt nicht.

61 Tagebuch vom 3. 11. 1953; in: Wahrheit des Denkens und Wahrheit des Tuns, 68.

Damit ist die Theodizee in der für Guardini eigenen Wendung angesprochen, weshalb Gott überhaupt in der Verborgenheit und Unerkennbarkeit verbleibt, während alles Endliche von ihm nur gebrochen redet. Für Guardini ist es bezeichnend, daß er diese Verborgenheit als Aufgabe, ja als beseligende Möglichkeit des Glaubenden faßt: Das Gebet dringt in das Geheimnis ein, hellt zwar nicht seine Unbegreiflichkeit auf, sondern erkennt im Gegenteil darin den eigenen letzten Sinn. Die Haltung des Schweigens ist die eigentlich gemäße Weise, sich dem Antlitz Gottes auszusetzen. So ist Gott nicht der „ganz Andere", sondern er ist der Andere meiner selbst. In der Unbegreiflichkeit beruht gerade die Heiligkeit: „Menschen, Dinge, Geschehnisse sind weltlich, irdisch, diesseitig, da und vorhanden; Gott hingegen ist unweltlich, unirdisch, entrückt, vorbehalten und geheimnishaft."

Das einzig wirklich Erkennbare an Gott ist die Person Christi – jenes Wesen des Christentums, das eben nicht neutral betrachtet werden kann. In ihm finden sich anschaulich all jene Paradoxien, die das Göttliche und das Menschliche in ihrer Einheit begleiten. Christus ist der Maßstab jeder Gotteslehre – das Geheimnis Gottes naherückend und es zugleich in der uns anziehenden und zum lebenslangen Suchen einladenden Ferne belassend.

10. Der Gegensatz: Grundlegung der Methode, auch einer „neuen Theologie"

Guardinis Geistigkeit wird nur richtig in den Blick genommen, wenn seine Gegensatzlehre erfaßt wird. Sie zählt zu den frühesten Versuchen einer Lebensdeutung, die schon der Student (in dem entscheidenden Berliner Winter 1905) und dann der junge Priester mühsam unternahm und bis zum Ende, ihre Spur vielen Büchern aufprägend, bewahrte. Sie kann als Struktur von Guardinis Denken angesprochen werden und ist schon von daher kaum zu überschätzen; zugleich aber diente sie ihm zum eigenen Leben, zum Aushalten und Standhalten in eigenen Gegensätzen.

Wer diese Struktur des Guardinischen Denkens kennt, sieht sie allenthalben hervortreten. „Meine Versuche über (...) Bonaventura (...); dann die Schriften ‚Vom Geist der Liturgie', ‚Vom Sinn der Kirche' und über ‚Liturgische Bildung'; endlich eine Reihe kleinerer Untersuchungen, von denen der Band ‚Auf dem Wege' einige zusammenfaßt, tragen die Gegensatzidee als Richtung und Maß in sich."[62] Und, könnte man hinzufügen, ebenso das Vorwort zu Pascal, das Nachwort zu Dostojewskij, der Versuch über Franziskus, ja die Bildungslehre insgesamt.

Worum geht es? Guardini bildet mit dem Denken des Gegensatzes ein Grundmodell von Wirklichkeitserfassung aus, das in seiner allgemeinen Gültigkeit – die herauszuschälen ihm offenbar jahrelange Mühe bereitete – anwendbar wird auf unterschiedliche Fragen. Es handelt sich um ein Gewinnen der *Methode,* wie Wirklichkeit umfassend, und zwar wesentlich von *zwei* Seiten her, gesehen und außerdem noch einmal in den Verschränkungen der Gegensätze begriffen werde. Es ist, in ihrer Vollendung angewandt, die Methode, einen Reichtum der Betrachtung zu gewinnen, der den Reichtum der Verflechtungen des Wirklichen vor Augen stellt. Guardini sucht das Heraustreten aus der subjektiven Sicht und das Einfinden in die objektive Ganzheit, die aber in ihren unterschiedlichen Strebungen und Spannungen gerade nicht verworren und unübersichtlich erscheint, sondern als strukturiert und also geordnet, geistig zugänglich erfahren wird.

Denken des Gegensatzes ist Denken des Ganzen; Entfalten des Gegensatzes ist Gewinnen des Ganzen. Wenn die Philosophie diese Aufgabe lösen will, muß sie aus der vielfach geübten Teilbetrachtung, gerade aus dem nämlich, was an ihr als abstrakt empfunden wird, heraustreten und zu der im Untertitel genannten „Philosophie des Lebendig-Konkreten" gelan-

62 Der Gegensatz 210f.

gen. In dieser Formulierung liegt nicht eine Bescheidung, als genüge es einmal versuchsweise, Philosophie ohne Abstraktionen zu erproben, sondern im Grunde erhebt Guardini den größtmöglichen Anspruch, über die Abstraktionen hinaus und sie durchlaufend zu einer Sicht des von der Philosophie (jedenfalls im landläufigen Sinn) so oft verlassenen Konkreten zu gelangen. Es geht, um den Anspruch am tiefsten zu benennen, um eine nachkantische und Kant überholende „Kritik der konkreten Vernunft".

Guardinis bestimmende Einsicht greift zu auf den Gegensatz als *Polarität,* welche das gesamte Lebendige durchzieht, ja das Konkrete (theologisch gesprochen: das Geschöpfliche) überhaupt ausmacht. Gegensatz ist nicht eine Eigenschaft *am* Lebendigen, sondern das Lebendige selber. Mit dem Gegensatz scheint das Bau- und Wirkprinzip alles Wirklichen gefunden, das „Urphänomen" des Lebens.

Kategoriale Gegensätze		*Transzendentale Gegensätze*
intraempirisch	transempirisch	
1. Dynamik – Statik	1. Produktion – Disposition	1. Verwandtschaft – Besonderung (qualitativ)
2. Form – Formloses	2. Ursprünglichkeit – Regel	2. Einheit – Mannigfaltigkeit (struktiv)
3. Integration – Differenzierung	3. Innewohnen – Darüberstehen	

So trocken diese Aufstellung erscheint, so reich wird sie durch die Ausführung und Anwendung. Überzeugend gelingt es Guardini, in der Beschreibung die „Ränder" des Gemeinten mitzubeleuchten, auch in ihrer schillernden Wertigkeit, so wenn er etwa in der „Ursprünglichkeit" auch Randerscheinungen wie „Unstäte", „Haltlosigkeit" mit angelegt sieht, oder in der dazu gegensätzlichen „Regel" auch Rhythmus, Gesetz,

Zucht, Dauer und schließlich Starre. Durch dieses weite Einbegreifen vermeidet er ein naheliegendes Schwarz-Weiß-Schema, in dem die eine Seite gewollt oder ungewollt in einen weniger angesehenen, sogar belasteten (Un-)Wert abgleitet. Vielmehr sind die Pole in sich vieldeutig und werden – was Guardinis bemerkenswerte Beobachtung ist – erst durch die Verankerung am gegensätzlichen Pol „gerichtet", nämlich in ihrem inneliegenden Unguten, Gefährlichen aufgefangen.

Selten wird die reine Typik der Gegensätze angetroffen und dann als „Grenzwert", als äußerste Gefährdung gerade wegen ihrer Reinheit, die nichts Lebendiges mehr an sich hat. Das Genie läßt sich diesem Grenzwert zurechnen, wenn es in die Nähe reiner Form oder reiner Fülle gerät. Es bezahlt diese Einseitigkeit mit dem Leben. Dem tödlichen Extrem des unvermischten Gegensatzes entspricht – wiederum im „Leben" – ein inneres Extrem: wenn die Gegensätze einmal, in einem glückhaften und doch schon verzehrenden Augenblick so ausgewogen zueinander stehen, daß sie das Maß des Gleichgewichts erreichen. In dieser Harmonie ginge der lebensbestimmende Rhythmus, die ständige Verschiebung der einen zur anderen Seite verloren, jenes Pulsieren, das nicht nur ein Nebeneinander, sondern auch ein Nacheinander der Gegensätze kennt. Das Ungleichgewicht ist daher das Normale, das ständige Pendeln der Gegensätze in Gefährdung und freilich auch rhythmische Vitalität für den einzelnen wie für die Gemeinschaft. So beseligend die Ausnahme wirken kann, so unerträglich ist sie auch im genauen Sinn des Wortes. Ein für allemal geht es um das Erlernen der Schwebe und nicht der Befriedung.

Was wird damit zu begreifen und neu-ursprünglich, aus der Tradition wie aus der Sache, zu erhellen versucht? Guardini steht mit seinem Beitrag in einer geistesgeschichtlichen Strömung, die auf eine Überwindung der gängigen Wissenschaft mit ihrem begriffs-gebundenen Denken in Quantitäten und Analysen abzielt. Diese Überwindung wird von einer grundlegenden Wandlung der Philosophie begleitet oder sogar hervorgerufen. Ihre Kennzeichen sind ein verdichtetes Wahrnehmen des Geistigen, fern von dem „Stigma der Abstraktion", das Erkennen der Unzulänglichkeit des Rationalen, aber auch des bloß Fühlend-Intuitiven, und schließlich eine Wendung zum „Ganzen", wie vorsichtig und vorläufig es immer formuliert werden mag.

Für Guardini heißt dies eine *Philosophie und Theologie des Herzens*. Herz ist „nicht Ausdruck des Emotionalen im Widerspruch zum Logischen; nicht Gefühl im Widerspruch zum Intellekt; nicht ‚Seele' im Widerspruch zum ‚Geist'. (...) Herz ist der vom Blut her heiß fühlend gewordene, aber zugleich in die Klarheit der Anschauung, in die Deutlichkeit der Gestalt, in die Präzision des Urteils aufsteigende Geist."[63] „Im Herzen begegnet der Geist dem Körper und macht ihn zum ‚Leibe'; im Herzen begegnet das Blut dem Geiste, und er wird zur ‚Seele'."[64]

Guardinis Werk ist deswegen so bezwingend gewesen – und es zeichnet sich ab, daß dieses Bezwingende sich auf Dauer wieder einstellt –, weil seine Werke aus einer tiefen, existentiellen Verflechtung von Person und Gedanken stammen. Auch viele Bemerkungen und Gelegenheitsschriften zeigen in ihrem „Werkstattcharakter", wie eng verflochten, wie gegenseitig befruchtend bei ihm Anlage und Gabe, in ihren hellen und dunklen Möglichkeiten, und die Aufgabe der Deutung der Welt, des Menschen, Gottes sind. Und bei welchem bedeutenden Menschen wäre dies nicht – über alles bloß psychisch „Interessante" hinausgehend – das eigentlich Bewegende, das Bezeugende, nämlich die eigentliche Nahtstelle von gewußter, gelernter und gelebter (erlittener, aufgezwungener, zugefallener) Wahrheit?

63 Christliches Bewußtsein, München 1962, 186f. Vgl. das Nachwort zu Madeleine Sémer, Mainz 1929, 255.
64 In Spiegel und Gleichnis, [6]1960, 47.

Eugen Biser

Erkundung des Menschlichen

Romano Guardinis Anthropologie im Umriß

1. *Die verborgene Tragik*

Die geistige Gestalt Guardinis ist von einer dreifachen Tragik umwittert: Obwohl er sich nach Ausweis seines nachgelassenen Lebensrückblicks primär als Dogmatiker verstand, war er doch schon bei Lebzeiten, erst recht aber nach seinem Tod mit seinen theologischen Aussagen weit weniger wirksam als mit seinen erzieherischen Impulsen.[1] Obwohl er das einen Großteil seiner Lebensarbeit ausfüllende interpretatorische Werk ausdrücklich im Interesse seiner Christologie verfaßte, blieb diese spürbar hinter der Verheißung der großen Interpretationen zurück.[2] Und obwohl ihm zu Beginn seines Lebenswerkes die seltene Gunst zugefallen war, der Theologie seiner Zeit mit dem Satz vom „Erwachen der Kirche in den Seelen" das langnachwirkende Thema und der durch den verlorenen Krieg (1914–1918) erschütterten Jugend das Stichwort ihrer religiösen Selbstfindung zuzurufen, zeugt sein letztes Buch mit dem Titel „Die Kirche des Herrn" (1965), mit dem er bewußt das

1 *R. Guardini,* Berichte über mein Leben, Düsseldorf 1984, ^{4}1985; dazu auch mein Beitrag „Wer war Romano Guardini?" in: Stimmen der Zeit 203 (1985), 435–488, und die titelgleiche Broschüre aus der Reihe der Publikationen der Katholischen Akademie Augsburg (1985); ferner mein Beitrag „Romano Guardini: Wegweiser in eine neue Epoche. Überlegungen zu einer kritischen Guardini-Rezeption", in: W. Seidel (Hrsg.), Christliche Weltanschauung. Wiederbegegnung mit Romano Guardini, Würzburg 1985, 210–240.

2 In aller Form betont Guardini in der Vorbemerkung seiner Studie ‚Jesus Christus. Sein Bild in den Schriften des Neuen Testaments' (Würzburg 1940), die übrigens, entgegen diesen einführenden Bemerkungen, zunächst nur fragmentarisch veröffentlicht wurde (der fehlende Schlußteil erschien fast zwei Jahrzehnte später unter dem Titel ‚Die menschliche Wirklichkeit des Herrn'): „Meine Arbeiten über Augustinus, Dante, Pascal, Hölderlin und Dostojewskij waren in gewissem Sinne Vorübungen für den Versuch, die Gestalt Dessen zu zeigen, der Sohn Gottes und Menschensohn ist" (VI).

Thema der Vortragsreihe ,Vom Sinn der Kirche' (1922) wiederaufnimmt, mehr vom Leiden an der Kirche als von der Glaubens- und Existenzsicherheit in ihr, zumal sie jetzt, in diesem späten Rückblick, eher als der gesellschaftliche Verweis auf den menschgewordenen und dadurch in die nötigenden Bedingungen des Menschseins eingegangenen ,Herrn' verstanden wird.

Das muß um so nachdrücklicher vermerkt werden, als die ständig anschwellende Produktivität Guardinis in einem nahezu reziproken Verhältnis zu seiner Gedankenentwicklung steht. Zumindest kann man nach Hans Urs von Balthasar nur in sehr beschränktem Maß „von einer Entwicklung im Denken Guardinis sprechen", da dieses „beim ersten Augenaufschlag schon den ganzen Horizont" seiner Inhalte überblicke.[3] Wenn es sich mit dem denkerischen Zugriff Guardinis aber so verhält, stellt sich fast unabweislich die Frage nach dem Blickpunkt dieser umgreifenden Zusammenschau und damit nach dem Thema, das sich im Gang seiner Denkgeschichte durchhält. Die überzeugendste Antwort darauf gibt Guardini selbst, und zwar mit dem beziehungsreichen Titel, den er für die Zusammenfassung der anthropologischen Beiträge und Reden aus den späteren Lebensjahren wählte: ,Sorge um den Menschen'.[4] Doch hätte man das auch unabhängig von diesem Titel schon daraus schließen können, daß sich Guardini im Gespräch mit Gerhard Krüger von diesem dadurch unterschied, daß er sich als Vertreter eines ausgesprochen pädagogischen Standpunkts bezeichnete.[5] Tatsächlich schlägt in allen Arbeiten Guardinis, gleichviel, ob sie sich, wie in seiner frühen Schaffensphase, mehr auf liturgische und philosophische Fragen beziehen, ob sie, wie in den großen Interpretationen der mittleren Schaffenszeit, eher das Werk der geistigen Horizonterweiterung betreiben oder ob sie, wie in den Arbeiten der Spätzeit, dann

3 *H. U. von Balthasar,* Romano Guardini. Reform aus dem Ursprung, München 1970, 32f.
4 Die unter diesem Titel herausgegebene Aufsatzsammlung erschien Würzburg 1962.
5 So in dem Sammelband ,Unsere geschichtliche Zukunft', Würzburg 1963, 102ff.

auch ausdrücklich auf Sinn und Vollzug des Menschseins eingehen, stets das anthropologische Grundinteresse durch. So wird etwa in den liturgischen Schriften des Anfangs zu einer Zeit des exzessiven Fortschrittsglaubens, für den, mit dem Faust-Schluß gesprochen, die Tat ‚alles' war, der Mensch als Kultwesen neu entdeckt. Ebenso setzt sich die Philosophie des Gegensatzes, mit der Guardini als spekulativer Denker antrat, in die Studie ‚Welt und Person' (1939) fort, die schon vom Titel her den Zusammenhang mit dem Existenzproblem herstellt. Und was die großen Interpretationen der mittleren Schaffenszeit anlangt, so sind sie für Guardini immer wieder Anlaß, ‚existentiale' Strukturen des Menschseins auszuarbeiten, am deutlichsten in seinem Hölderlin-Buch (1939), das Guardinis Vorstellung von den Polen des menschlichen Daseinsraumes im Werk des Dichters gespiegelt sieht.[6] Doch auch in den theologischen Arbeiten der mittleren und späten Jahre kommt es immer wieder zu einer anthropologischen Rückspiegelung, so daß sich die eingangs vermerkte ‚Not' geradezu in eine ‚Tugend' verwandelt. Während in den Werken der zeitgenössischen katholischen Theologie kaum etwas von der ‚anthropologischen Wende' zu verspüren war, die im protestantischen Denkraum längst schon in Gang gekommen war, blieb in den theologischen Äußerungen Guardinis der nach Gott fragende Mensch stets präsent. Sie wirkten auf die Fachtheologie seiner Zeit nicht zuletzt deswegen befremdlich, weil im Bedenken des göttlichen Geheimnisses bei ihm der Mensch stets mitgedacht war. Deshalb beschränkte sich die – allerdings gewaltige – Wirkung seiner theologischen Schriften fast ausschließlich auf Laienkreise, während eine nennenswerte theologische Rezeption kaum in Gang kam.[7]

6 Dazu die Hinweise meiner Schrift ‚Interpretation und Veränderung. Werk und Wirkung Romano Guardinis', Paderborn 1979, 44ff.

7 Dazu die Eingangsbemerkungen meiner Schrift ‚Interpretation und Veränderung', 18–25. – Guardini selbst bemerkt in seinen autobiographischen Skizzen, daß er im Grunde nur von Michael Schmaus beachtet und zitiert worden sei (Berichte über mein Leben 116).

2. *Schwierige Rekonstruktion*

In starker Vereinfachung könnte man die angesprochene Akzentverschiebung in Guardinis Werk auf die Formel bringen: Von der Ekklesiologie über die Christologie zur Anthropologie. Von dieser Entwicklung her wäre zu erwarten, daß sich Guardini in der Spätphase seines Schaffens, in der sich, wie angedeutet, die Beiträge zum Problemkreis des menschlichen Seins signifikant mehren, ganz auf die Ausarbeitung einer systematischen Anthropologie konzentrierte. Dieser Erwartung scheint dann auch das umfangreiche, wenngleich erst posthum veröffentlichte Werk ‚Die Existenz des Christen' (1976) zu entsprechen.[8] Indessen wird die Erwartung durch den tatsächlichen Wortlaut des Werkes nur teilweise erfüllt. Nicht nur, daß es den letzten Grad der Ausarbeitung vermissen läßt: ein Umstand, für den sein dialogischer Vorlesungsstil, der sich immer wieder des Einvernehmens mit den Hörern versichert, zumindest teilweise entschädigt; vielmehr handelt es sich bei näherem Zusehen weniger um eine ausgearbeitete Anthropologie als vielmehr um einen letzten, unter anthropologischem Gesichtspunkt vorgenommenen Durchgang durch die gesamte Motivwelt Guardinis, der dann freilich den Eindruck einer geradezu testamentarischen Selbstrechtfertigung erweckt.[9] Vor allem läßt sich nicht übersehen, daß der Blick auf die theologischen Hauptmotive Guardini davon abhält, auf das anthropologische Problemfeld mit der vom Thema geforderten Einläßlichkeit einzugehen. Fragen der Konstitution und Selbstverwirklichung des Menschen werden, wenn überhaupt, nur wie im Vorbeigehen behandelt, während der Blick fast unverwandt

8 Obwohl von Guardini schon für 1966 erwartet, konnte ‚Die Existenz des Christen' jedoch erst nach zehnjähriger Verspätung und nur dank des selbstlosen Einsatzes des Herausgebers *Johannes Spörl* (Paderborn 1976) veröffentlicht werden; dazu mein Beitrag ‚Vermächtnis und Anstoß. Zu Romano Guardinis nachgelassenem Werk „Existenz des Christen"', in: Theologische Revue 74 (1978), 441–450.

9 Der Eindruck der Unfertigkeit und Unausgeglichenheit verstärkt sich noch angesichts der unübersehbaren Wiederholungen, die darauf schließen lassen, daß das Manuskript schon in Guardinis eigener Redaktion aus verschiedenen Fassungen des Stoffes bestand: a. a. O. 520.

auf die großen Glaubensgeheimnisse gerichtet ist. Eine ganz andere Optik entsteht freilich, wenn man sich an den Titel von Guardinis Referat zum Berliner Katholikentag (1952) erinnert, der sich wie das vorweggenommene Motto zur ‚Existenz des Christen' ausnimmt: „Nur wer Gott kennt, kennt den Menschen."[10] Was zunächst den irritierenden Eindruck einer theologischen Abschweifung erweckte, erscheint dann im Licht eines neuartigen Methodenkonzepts, wie es sich für den ‚Dogmatiker' Guardini von seinem innersten Selbstverständnis her nahelegte. Für ihn ist tatsächlich über den Menschen in letzter Hinsicht nur von Gott her Klarheit zu gewinnen; deshalb bedarf es des Hinblicks auf das göttliche Geheimnis, wenn sich das Faktum Mensch wirklich enträtseln soll. Damit ist auch schon angedeutet, daß Guardinis nachgelassene Sinndeutung der menschlichen Existenz als ein einziges Paradigma für das zu gelten hat, was unter dem Stichwort ‚anthropologische Wende' als einer der zentralen Vorgänge im Entwicklungsgang der Gegenwartstheologie beschrieben worden ist.[11]

3. Anthropologie im Prozeß

Wie die nachgelassene ‚Existenz des Christen' des durch Guardini in seiner Katholikentagsrede gebotenen Schlüssels bedarf, um als konsistentes Werk gelesen werden zu können, bietet sie sich ihrerseits, gerade auch in ihrer Unfertigkeit, als Schlüssel zu den voraufgehenden Äußerungen an, die sich von seiner Philosophie des Gegensatzes (1925) bis zu dem Sammelband mit dem programmatischen Titel ‚Sorge um den Menschen' (1962) erstrecken und die in den ‚Welt und Person' überschriebenen ‚Versuchen zur christlichen Lehre vom Menschen' (1940) ihre zentrierende Mitte haben. Denn in ‚Welt und Per-

10 *R. Guardini,* Nur wer Gott kennt, kennt den Menschen. Vortrag zu Beginn der Arbeitstagung des 75. Katholikentages in Berlin, Würzburg 1952.

11 So etwa von *Gerhold Becker* in seiner Schrift ‚Theologie in der Gegenwart', Regensburg 1978, 108–112.

son' führt Guardini nicht nur die mit der Gegensatz-Schrift begonnene Strukturanalyse des Menschseins zu einem gewissen Abschluß; vielmehr befaßt er sich mit ihm von diesem Essay an zunehmend unter dem Gesichtspunkt, den er mit dem ihm vorangestellten Pascal-Motto verdeutlicht: „Der Mensch übersteigt um ein Unendliches den Menschen". So könnte man ‚Welt und Person' geradezu als die Wasserscheide seines anthropologischen Denkwegs bezeichnen. Geht es ihm bis dahin eher um eine ‚strukturale Anthropologie', so wendet er sich von nun an einer Betrachtungsweise zu, für die sich der Ausdruck ‚Modal-Anthropologie' nahelegt. Dazu steht die nachgelassene ‚Existenz des Christen', methodologisch gesehen, quer. Denn sie fragt weder wie das anthropologische Frühwerk nach dem Aufbau des Menschseins, noch im Sinn der späteren Abhandlungen nach seinem Selbstvollzug; vielmehr geht es ihr um die systematische Ausarbeitung des ‚Reflexes', der von der Besinnung auf das christliche Gottes- und Heilsgeheimnis auf den Menschen fällt. Man könnte von einer ‚theandrischen' Anthropologie sprechen, wenn der Ausdruck weniger dogmatisch besetzt wäre, als es tatsächlich der Fall ist. Das aber zeigt, daß der nach seinem eigenen Geständnis um ein Optimum an Objektivität bemühte Guardini bei der Beantwortung der Frage nach dem Sinn des Menschseins noch stärker in Bewegung begriffen ist als in anderen Bereichen seines Schaffens. Das bedeutet zwar keinen Widerspruch zu der Feststellung Hans Urs von Balthasars, wonach Guardini schon zu Beginn seiner Schaffenszeit als ein „Entschlossener, beinah Fertiger" auf den Plan tritt, so daß von einer nennenswerten Gedankenentwicklung nicht gesprochen werden könne.[12] Doch ist gerade bei seiner Anthropologie, ungeachtet der Motivkonstanz an der Oberfläche, mit starken Bewegungsabläufen in der Tiefenschichtung zu rechnen. Demgemäß hat seine in langen Jahren ausgearbeitete Lehre vom Menschen als ein ‚work in progress' zu gelten, das im Grunde Fragment

12 *H. U. von Balthasar,* Romano Guardini 11; ferner das eingangs mitgeteilte Zitat.

geblieben ist, gerade durch seine Bruchstückhaftigkeit jedoch das elementare Engagement des Autors erkennen läßt und überdies die Gewähr dafür bietet, daß er zumindest in seiner anthropologischen Aussage überdauert.

Damit ergibt sich eine klare Dreigliederung des Gedankengangs. Zunächst wird von jener Phase der anthropologischen Reflexion gesprochen werden müssen, in welcher Guardini das in seiner Gegensatz-Schrift erarbeitete Strukturbild auf den Menschen überträgt, um dadurch einen vertieften Einblick in den Aufbau des Menschseins zu gewinnen, dies jedoch so, daß mit dem ‚Aufbau' bereits die Vollzugsgestalt gemeint ist. Sodann steht jene Werkgruppe zur Diskussion, die sich, beginnend mit ‚Welt und Person', zunehmend mit den Formen gelingender und mißglückender Selbstverwirklichung befaßt und damit jene Spur der anthropologischen Reflexion aufnimmt, die sich von Pascals Lehre von den ‚Zerstreuungen' bis zu Heideggers Daseinsanalyse verfolgen läßt. Schließlich muß gefragt werden, ob mit der ‚indirekten Anthropologie', wie sie Guardini mit seiner These, daß nur die Gotteserkenntnis den Schlüssel zum Menschsein bilde, intonierte und in seiner ‚Existenz des Christen' in breiter Form ausführte, tatsächlich, wie es den Anschein hat, Neuland im Feld einer christlichen Besinnung auf Sinn und Aufgabe des Menschen gewonnen wurde. Da in diesem Werk nach dem Vorwort des Autors eine andere Art der Gedankenführung, ja sogar ein anderer „Tonfall der Sprache" angestrebt ist, wird überdies die Rückfrage nach der Sprache Guardinis nicht zu umgehen sein.

4. Natürliche und christliche Daseinsstruktur

Guardini ist ein Denker des Raumes, nicht der Zeit. Das zeigt sich nicht nur in den wiederholten Mißgriffen, die ihm bei den Prognosen seines Orientierungsversuchs über ‚Das Ende der Neuzeit' unterlaufen, sondern nicht weniger auch in der

‚Gewichtung' seiner Anthropologie.[13] Demgemäß konzentriert sich seine Anthropologie zunächst auf die Erkundung des menschlichen Daseinsraumes, seiner Pole und seiner Spannungsverhältnisse. Während in seiner Gegensatz-Schrift nurmehr von einem ‚Umriß des Systems der Gegensätze' die Rede ist, spricht der Essay ‚Welt und Person' bereits mit voller Deutlichkeit von den „Polen des Daseinsraumes", die er von unterschiedlichen Gesichtspunkten her zu bestimmen sucht.[14] Zum richtigen Verständnis des damit angesprochenen Spannungsmoments muß freilich das hinzugenommen werden, was Guardini zum gleichen Problemfeld in seinem Hölderlin-Buch (1939) ausführt, nicht zuletzt aber auch der Hinweis, den er – wie im Vorbeigehen – in seiner Zeitanalyse ‚Das Ende der Neuzeit' (1950) zur Verknüpfung der beiden Positionen gibt. Hier steht der erstaunliche Satz über den Ernst, den das menschliche Dasein durch das Christentum gewonnen habe:

> „Er stammt nicht aus einer eigenmenschlichen Reife, sondern aus dem Anruf, den die Person durch Christus von Gott her erfährt: sie schlägt die Augen auf und ist nun wach, ob sie will oder nicht. Er stammt aus dem jahrhundertelangen Mitvollzug der Christus-Existenz; aus dem Miterleben jener furchtbaren Klarheit, mit welcher Er ‚gewußt hat, was im Menschen ist', und jenes übermenschlichen Mutes, womit Er das Dasein durchgestanden hat."[15]

13 Zu Guardinis Theorem vom ‚Ende der Neuzeit' und seinen Prognosen siehe meinen Aufsatz ‚Lebendiges Paradigma. Überlegungen zu einer kritischen Guardini-Rezeption', herausgegeben vom Theatinerkreis in Quickborn, München 1984, der in stark überarbeiteter Fassung in einem zum Guardini-Jubiläum herausgekommenen Sammelband erschienen ist: W. Seidel (Hrsg.), Christliche Weltanschauung. Wiederbegegnung mit Romano Guardini, Würzburg 1985, 210–240.

14 *R. Guardini,* Der Gegensatz. Versuche zu einer Philosophie des Lebendig-Konkreten, Mainz 1955, 30–33; dabei werden in der Folge von Guardini „intraempirische Gegensätze" von transempirischen und transzendentalen unterschieden (37–88); für die anthropologische Anwendung ist besonders wichtig, was zum Begriff des ‚Inneren' gesagt wird (56ff); *Ders.,* Welt und Person. Versuche zur christlichen Lehre vom Menschen, Würzburg 1940, 28–50.

15 *R. Guardini,* Das Ende der Neuzeit. Ein Versuch zur Orientierung, Würzburg 1950, 111.

Demnach steht das menschliche Dasein von Haus aus in einem natürlichen Gravitationsfeld, aufgrund dessen seine Lebensachse von oben nach unten weist. Dabei bezeichnet das ‚Oben' den Pol, auf den die geistigen, sittlichen und religiösen Energien des Menschen ausgerichtet sind, das ‚Unten' den Gegenpol, dem die abwärtsziehenden Kräfte entgegenstreben, wie sie insbesondere Hölderlin bei seiner Wiederentdeckung des antiken Mythos beschwor.[16]

Sofern vom Gegenpol her aber auch das Leben kommt, gewinnt er den Charakter einer auf höhere Möglichkeiten hinweisenden Innerlichkeit.[17] Dazu kann sich der Mensch jedoch aus eigener Kraft kaum je erheben. Wenn es ihm dennoch gelingt, dann nur mit Hilfe jener zusätzlichen Energien, die durch das Christentum in den menschlichen Daseinsraum einströmten und seither, wie die denkwürdige Formulierung sagt, zum „Mitvollzug der Christusexistenz" verhelfen. Wo sie im Spiel der Lebenskräfte die Oberhand gewinnen, kommt es zu einer folgenschweren Umorientierung der Daseinsstruktur. Eine neue ‚Ortung' des Menschseins ist die Folge. Die von oben nach unten gerichtete Achse wird von einer von oben nach innen weisenden überlagert, ohne dadurch freilich ganz außer Kraft gesetzt zu werden. Sie besteht vielmehr als versucherische Möglichkeit in der christlichen Neuorientierung fort. Dadurch gerät aber das Menschsein von innen her in einen Zustand der Instabilität, der Guardini mit nahezu unausweichlicher Konsequenz auf die Spur bringen mußte, die er dann im Zug seiner „Modal-Anthropologie" weiterverfolgte. Wenn irgendwo, stieß Guardini gerade in diesem Zusammenhang zu der Erkenntnis vor, daß das Problem des Menschen, wie es sich heute stellt, vor allem in seiner gefährlichen Neigung besteht, sich fallen und von den – im ‚Ende der Neuzeit' denunzierten – Es-Mächten bis zum Verlust der personalen Identität unter das eigene Niveau drücken zu lassen.

16 *R. Guardini,* Hölderlin. Weltbild und Frömmigkeit, Leipzig 1939, 110ff; 144ff; 223ff.
17 *R. Guardini,* Welt und Person 33.

Bevor dieser Spur weiter nachgegangen werden kann, muß jedoch zunächst noch der personale Aufbau des menschlichen Daseins nachgezeichnet werden, wie er sich von dessen Strukturanalyse her abzeichnet. Für den Raum-Denker Guardini stand diese von vornherein im Horizont des menschlichen ‚Daseinsraumes', um dessen Erkundung es ihm vorwiegend zu tun ist. Bei näherer Betrachtung stellt er sich ihm in dreifach abgestufter Perspektive dar: als Existenzraum, als Lebensraum und als ‚Kulturraum'. In der Interaktion mit diesem dreifachen Beziehungssystem gewinnt das Menschsein seine zunehmend konkretere Verfassung. Im welthaften Existenzraum formt es sich zur Gestalt, im gesellschaftlichen Lebensraum zum Individuum und im geistigen Kulturraum zur Persönlichkeit.[18] Zur personalen Selbstwerdung bedarf es jedoch eines völlig neuen und ‚unweltlichen' Impulses, bei dem die naturalen Gegebenheiten nur begünstigend, nicht aber konstitutiv ins Spiel kommen. Einen wichtigen, wenngleich extrem negativen Hinweis gibt das Grauen, das den Menschen bereits bei der „Annäherung an die Möglichkeit" befällt, daß es ihn ein zweites Mal geben könne.[19] Dabei geht es um jenes „existentielle Grauen", das der Gedanke der „Doppelgängerschaft" einflößt, wie es etwa von Heinrich Heine im Exzeß romantischer Identitätsnot in seinem – von Schubert kongenial vertonten – Gedicht ‚Der Doppelgänger' beschrieben wurde.[20] Während das Individuum im existentiellen Grauen lediglich erfährt, daß es im Kern seiner Existenz um sein unvertretbares Einzel- und Selbstsein geht, gibt ihm die Begegnung mit anderen, vor allem in Gestalt des „Ich-Du-Verhältnisses" positive Auskunft über die Art des zur Konstituierung seines personalen Selbstseins benötigten

18 *R. Guardini,* Welt und Person 85–103.

19 A.a.O. 105.

20 Wie die Schubert-Forschung erkannte, griff der Komponist bei der Vertonung des ‚Agnus Dei' seiner As-Dur-Messe auf das Doppelgänger-Motiv zurück, das dann im ‚Dona nobis pacem' in beziehungsreicher Umkehrung erscheint. Eine extreme Aktualisierung erfährt der Gedanke Guardinis angesichts der mit der schon bei Fröschen gelungenen Klonierung heraufbeschworenen Möglichkeit, daß eines Tages auch vom Menschen eine beliebige Anzahl exakter Kopien durch biologische Manipulation hergestellt werden könnte.

Impulses.[21] Denn in der Interaktion mit dem sich ihm zuwendenden Du fühlt es sich auf das hin angesprochen, was jedem Zweck und jeder Vergegenständlichung überhoben ist und ihm, mit Max Scheler gesprochen, zu jenem Selbstbesitz verhilft, der sich zwar die ganze Welt zum Gegenstand zu machen vermag, selbst aber „gegenstandsunfähig" ist.[22] Im Zuspruch des ihm begegnenden, auf ihn reagierenden, ihm antwortenden und ihn herausfordernden Du geht ihm auf, daß er die volle Einsetzung in sein Selbstsein erst jenem Anruf verdankt, der von einer unbedingten Position her, also von und durch Gott, an ihn ergeht. In diesem Sinne spricht sich Guardini dann definitiv in seinem ‚Ende der Neuzeit' aus. Da dies jedoch, wie die einschlägige Stelle erkennen ließ, im Zusammenhang mit der Würdigung jenes Daseinsernstes geschieht, der sich erst infolge des Christentums einstellte, läßt er die Frage letztlich offen, ob er das volle Erwachen zum menschlichen Personsein auch im außerchristlichen Raum für möglich oder ob er es für eine ausschließliche Vergünstigung des Christentums hält.[23] Zwar entwickelt er denselben Gedanken schon in ‚Welt und Person', wenn er die Schöpfung des Menschen von den als unmittelbare Objekte des göttlichen Wollens geschaffenen Dingen mit der subtilen Bemerkung unterscheidet:

> „Die Person kann und will er so nicht schaffen, weil es sinnlos wäre. Er schafft sie durch einen Akt, der ihre Würde vorwegnimmt und eben damit begründet, nämlich durch Anruf. Die Dinge entstehen aus Gottes Befehl; die Person aus seinem Anruf. Dieser aber bedeutet, daß Gott sie zu seinem Du beruft – richtiger, daß er sich selbst dem Menschen zum Du bestimmt."[24]

Auch nähert er sich dieser Position über die Brücke der Vorstellung vom „Wortcharakter der Dinge" an, so daß sich

21 A.a.O. 105–109.

22 *M. Scheler,* Die Stellung des Menschen im Kosmos, München 1947, 44; dazu meine Abhandlung ‚Menschsein in Anfechtung und Widerspruch', Düsseldorf 1980, 15.

23 Dazu nochmals die oben S. 77 angegebene Stelle.

24 *R. Guardini,* Welt und Person 114.

zunächst der Gedanke an einen ‚naturalen Aufruf‘ des Menschen zu seinem personalen Selbstsein nahelegt. Diese Vermutung scheint sich noch zu bestätigen, wenn es in der Folge vom Menschen heißt, er sei „der zum Hörer des Welt-Wortes Bestellte“, durch den die Dinge, vermittelt durch seine Antwort, „zu Gott zurückkehren“ sollen, ein Gedanke, den Guardini zu seiner freudigen Überraschung auch in den Schriften Ferdinand Ebners ausgesprochen fand.[25] Doch bleibt Guardini jede nähere Verdeutlichung dieses Zentralgedankens seiner Person-Lehre schuldig, so daß diese ihrerseits gerade in ihrer Mitte seltsam dunkel und ungeklärt wirkt. Dabei hätte er bei dem Kronzeugen der tiefsinnigen Eingangsreflexion zu ‚Welt und Person‘, die dem Problem Gott und „der Andere“ nachgeht, bei Nikolaus von Kues, einen im buchstäblichen Sinn ‚sprechenden‘ Fingerzeig zur Lösung der Konstituierungsfrage finden können.[26] Denn in seiner Meditation ‚Vom Sehen Gottes‘ macht der Kusaner den den Menschen zur Selbstaneignung bewegenden Gotteszuspruch mit den erstaunlich ‚modern‘ wirkenden Worten hörbar:

> „Du sprichst in mein Herz hinein: Sei dein eigen, dann bin auch ich dein eigen (sis tu tuus, et ego ero tuus).“[27]

5. *Selbstzerwürfnis und Selbstaneignung*

Von den Titeln, mit denen Guardini seine anthropologischen Reflexionen überschrieb, stechen drei buchstäblich aus dem Kontext der übrigen hervor: das Wort von der „Annahme seiner selbst“, die These „Nur wer Gott kennt, kennt den Menschen“, und der Titel des Sammelbandes „Sorge um den Menschen“. Er ist es auch, der wie kaum ein anderes Wort Auskunft über das erkenntnisleitende Interesse Guardinis gibt.

25 A.a.O. 114f.
26 A.a.O. 20–27; dazu *H. U. von Balthasar,* Romano Guardini 35.
27 *Cusanus,* De visione Dei, c. 7 (fol. 102r); dazu die Ausführungen meiner Schrift ‚Menschsein in Anfechtung und Widerspruch‘ 107.

Was ihn zum Nachdenken über den Menschen bewegt, ist in erster Linie nicht das Pascalsche Staunen über den sich selbst um ein Unendliches übersteigenden Menschen, aber auch nicht die Betroffenheit, die sich in dem von Nietzsche aufgenommenen Passionswort „Ecce homo" ausdrückt, sondern die Sorge des Erziehers, der sich über den Fortbestand des Menschlichen in einer sich zunehmend enthumanisierenden Welt Gedanken macht. Von dieser Sorge geschärft, dringt Guardinis analytischer Blick zu den innersten Bruchstellen und Entzweiungen im Kern des Menschseins vor; von dieser Sorge geweitet, richtete er sich aber auch auf die situativen Bedingungen des Menschseins, die für ihn am ‚Ende der Neuzeit' ausgesprochen bedrohlichen Charakter angenommen haben. Sie lassen sich, vereinfachend gesprochen, mit zwei Begriffen benennen: Macht und Masse. Mit der Analyse des Machtphänomens nimmt Guardini das Motiv auf, dessen desintegrative Folgen fast gleichzeitig mit ihm von George Orwell in seiner Schrekkensutopie ‚1984' ausgeleuchtet wurden. Dagegen berührt er sich in seinen Gedanken über die Auswirkungen der Massengesellschaft ebenso mit Ortega y Gassets ‚Aufstand der Massen' wie mit Heideggers Analyse der alltäglichen Daseinsform, die ihrerseits auf Pascals Lehre von der ‚Zerstreuung' zurückweist, wie sie etwa in dem ebenso scharfsichtigen wie brillant formulierten Fragment 171 zum Ausdruck kommt:

> „Das einzige, was uns in unserem Elend tröstet, ist die Zerstreuung, und dabei ist sie gerade die Spitze unseres Elends; denn sie ist es, die uns hindert, über uns selbst nachzudenken, und so unmerklich verkommen läßt. Sonst würden wir uns langweilen, und die Langeweile würde uns antreiben, nach besseren Mitteln zu suchen, um sie zu überwinden. Die Zerstreuungen aber bereiten uns Vergnügen und geleiten uns dadurch unmerklich zum Tod."[28]

28 *Pascal,* Pensées, Frgm. 171; dazu nochmals die Ausführungen in ‚Menschsein in Anfechtung und Widerspruch', 102f.

Daß Guardini nicht näher auf die Daseinsanalyse des von ihm in ‚Person und Welt' wiederholt angesprochenen Heidegger eingeht, dürfte sich in letzter Hinsicht wiederum daraus erklären, daß er primär ein Denker des Raumes, nicht aber der Zeit ist. Deshalb stellt sich ihm die vom Menschen in der Massengesellschaft erlittene Desintegration auch primär als ein Zustand fortschreitender Übermächtigung und Obsession, nicht jedoch als eine Verfallsgeschichte dar, so wie ihm dann auch umgekehrt die Vorstellung von einer ‚Geschichte des Menschen mit sich selber' fernliegt. In letzter Konsequenz hängt es damit sogar zusammen, daß er den desintegrativen Faktor ‚Masse' ungleich weniger dramatisch einschätzt als den der ‚Macht'. Erst mit ihr ist im Vollsinn des Wortes das Schicksal angesprochen, das der Mensch am ‚Ende der Neuzeit' erleidet.

Das Grundproblem der Macht besteht für Guardini nicht so sehr darin, daß der Mensch in ihren Bannkreis gerät und ‚übermächtigt' wird, sondern daß er sie ausübt, dabei aber außerstande ist, Macht über sich selbst zu gewinnen. Der Leidtragende ist darum primär der Machthaber und erst in zweiter Linie der Übermächtigte.[29] Das verdeutlicht Guardini mit einem fiktiven Gespräch, mit dem er auf die Frage nach der zentralen Schädigung durch die Macht eingeht:

> „Schon Sokrates würde gesagt haben: ‚Mein Freund, Du vergißt den, der im Fall des Mißbrauchs am tiefsten geschädigt wird, nämlich jenen, der die Macht übt!' Auf den Einwand aber, der werde sich schon zu schützen wissen, hätte der Alte weise geantwortet: ‚Die Gefahr kommt ihm nicht von außen; mit der würde er fertig werden. Sie kommt ihm von innen; aus ihm selbst. Die Macht hat ein Gefälle zu immer schärferem Gebrauch hin; d. h. zu jenem, der jede über ihm stehende Norm verachtet. Dann glaubt der Verfallene, er herrsche über die Anderen; in Wahrheit ist aber er

29 *R. Guardini,* Der unvollständige Mensch und die Macht, in: Sorge um den Menschen, Würzburg 1965, 41–70.

selbst es, der beherrscht wird, und zwar durch seine eigene Macht‘.“[30]

Im Zustand dieser ihn selbst übermächtigenden Dominanz erleidet der Mensch eine tiefgreifende Veränderung seiner Seinsweise. Während die auf Beherrschung und Durchsetzung ausgerichteten Strategien eine ständige Perfektionierung erfahren, wird er zusehends unfähiger zur Konzentration, Sammlung und zum Verweilen in sich selbst. Die Hektik des Beherrschens beherrscht ihn selbst bis in sein Innerstes hinein. „Das Wissen wächst; die Wahrheit nimmt ab“, während das „Wort immer dünner und wohlfeiler wird“ und die Sprache verwildert.[31] Das aber besagt im Ergebnis:

> „Kräfte und Haltungen, die gegeben sein müßten, wenn von einem vollen Menschen die Rede sein soll, sind verlorengegangen. Er ist ‚unvollständig‘ geworden.“[32]

Noch deutlicher wurde diese Veränderung mit der Formel getroffen, daß der Mensch „unfähig zu sich selbst“ geworden sei, was ja am deutlichsten darin zutage tritt, daß er sich „von Tag zu Tag rückhaltloser an das ausliefert, was um ihn her vor sich geht“, eine Prognose, die sich erstaunlich eng mit der des „außengeleiteten Gleichgültigen“ berührt, den David Riesman zusammen mit der modernen Massengesellschaft heraufkommen sieht.[33] Das unterstreicht Guardini, indem er nochmals auf seine Hauptthese mit der Feststellung zurückkommt:

> „Während die wissenschaftliche und technische Leistung des neuzeitlichen Menschen ins Riesenhafte wuchs, verkümmerte ein Teil seines Wesens: er wurde zum unvollständigen Menschen.“[34]

30 A. a. O. 48.
31 A. a. O. 51ff.
32 A. a. O. 50.
33 *D. Riesman,* Die einsame Masse (Originaltitel: The Lonely Crowd), Reinbek 1965, 177f.
34 *R. Guardini,* a. a. O. 55.

Dennoch bleibt Guardinis Kritik der Massengesellschaft, so wichtig sie für seine Gesamtableitung ist, deutlich hinter den vergleichbaren Analysen zurück, vermutlich auch deshalb, weil ihm die unmittelbare Erfahrung ihrer gleichschaltenden Erosionsgewalt zeitlebens erspart blieb. Von einem wirklich kritischen Zugriff mag ihn auch die Erwartung abgehalten haben, daß sich seinem Eindruck nach gerade in der Masse der Umschlag der ihm in tiefster Seele verhaßten Neuzeit in die nachneuzeitliche Epoche vollzog, von der er nur eine Wende zum Bessern erhoffen konnte. Ihren extremsten Ausdruck findet diese Hoffnung in der geradezu verwegenen Annahme, daß der Mensch im Schmelztiegel der Masse zwar den Verlust der ihm aus der Kultur zugewachsenen Persönlichkeit erleide, daß er jedoch aus dieser Einbuße in seinem Personkern gehärtet hervorgehe. Obwohl ihm die einebnenden Tendenzen der Massengesellschaft durchaus vor Augen stehen, versteigt er sich doch zu der gewagten These:

> „So seltsam es klingen mag: die gleiche Masse, welche die Gefahr der absoluten Beherrschbarkeit und Verwundbarkeit in sich trägt, hat auch die Chance zur vollen Mündigkeit der Person in sich. Allerdings sind dabei Aufgaben einer inneren Befreiung, einer Stählung gegen die immer ungeheuerlicher anwachsenden Es-Mächte gestellt, die wir kaum erst zu ahnen vermögen."[35]

Was er mit diesen ‚Aufgaben' meint, hat Guardini wesentlich klarer als hier, aber auch präziser als in dem Vortrag über den unvollständigen Menschen (1955) in der fünf Jahre später erschienenen Reflexion ‚Die Annahme seiner selbst' (1960) ausgesprochen. Als habe er nun doch den kusanischen Imperativ „Sei dein eigen, dann bin auch ich dein eigen!" im Ohr, erklärt er nunmehr:

> „An der Wurzel von allem liegt der Akt, durch den ich mich selbst annehme. Ich soll damit einverstanden sein, der zu

35 *R. Guardini,* Die Macht. Versuch einer Wegweisung, Würzburg 1951, 73f.

sein, der ich bin. Einverstanden, die Eigenschaften zu haben, die ich habe. Einverstanden, in den Grenzen zu stehen, die mir gezogen sind."[36]

Zu dieser Klärung gelangt er, weil er zu einer vordem nicht erreichten Problemtiefe hinabstieg, die vor ihm nur Kierkegaard erreichte. In dessen Wiederholungsschrift stehen bekanntlich Sätze, die dem heutigen Menschen nicht unmittelbarer aus der Seele gesprochen sein könnten. Auf dem Tiefpunkt der Lebenskrise gesteht er seinem stummen Mitwisser:

„Mein Leben ist zum Äußersten gebracht. Ich ekle mich am Dasein, es ist geschmacklos, ohne Salz und Sinn ... Man steckt den Finger in die Erde, um zu riechen, in welchem Land man ist, ich stecke den Finger ins Dasein – es riecht nach – Nichts. Wo bin ich? Was will das besagen: die Welt? Was bedeutet dieses Wort? Wer hat mich in dieses Ganze hineingestellt und einfach stehenlassen? Wer bin ich? Wie kam ich in diese Welt hinein, warum wurde ich nicht befragt, warum nicht mit Sitten und Herkommen bekanntgemacht, sondern einfach in Reih und Glied gestellt ...?"[37]

In der Formulierung Guardinis lautet der von derselben Existenzerfahrung eingegebene Gedanke:

„Auf die Frage: warum bin ich, wie bin ich? warum bin ich, statt nicht zu sein? – und wie sie in alle Höhen und Breiten und Tiefen meines Daseins fortgesetzt werden mag – gibt es von meinem unmittelbaren Sein her keine Antwort. Aber auch nicht aus meiner Umgebung; ja nicht einmal aus der Welt überhaupt."[38]

Auf die Frage „Warum gerade ich?" gibt es somit keine Antwort; wohl aber kommt sie im Akt jener Akzeptanz zur Ruhe, die vom Imperativ der ‚Annahme' gefordert ist. Begreiflich

36 *R. Guardini,* Die Annahme seiner selbst, Würzburg 1960, 14.
37 *S. Kierkegaard,* Die Wiederholung (Ausgabe *Richter*), Reinbek 1961, 62f.
38 *R. Guardini,* Die Annahme seiner selbst 15; dazu mein Beitrag „Ist der Mensch, was er sein kann?", in: Stimmen der Zeit 199 (1981), 291–300.

wird das nur aufgrund der Annahme, daß der Mensch, bevor er Stellung nehmend und handelnd in die Geschichte eingreift, eine ‚Geschichte mit sich selber' durchlebt, deren einzige und einzig entscheidende Tat in der „Annahme seiner selbst" besteht. Obwohl Guardini, abgesehen von der damit überschriebenen Kleinschrift, nie mehr thematisch auf diesen Gedankengang zurückkam, hat dieser Entwurf einer ‚Modalanthropologie' doch als sein entscheidender Beitrag zur Beantwortung der Frage nach dem Sinn des Menschseins zu gelten. Dafür spricht nicht nur die unausdrückliche Verschiebung in der Fragestellung, die sich nicht mehr auf die klassische Was-Frage – im Sinn des von Kant als Grundproblem aller philosophischen Reflexion herausgestellten ‚Was ist der Mensch?' – bezieht, sondern, wie die Vergleichsstelle aus der Kierkegaardschen Wiederholungsschrift erkennen ließ, auf das biblische ‚Wo bist du?' und das daraus abgeleitete ‚Wer bin ich?'. Vielmehr spricht dafür fast noch mehr die Beobachtung, daß sich die von Guardini angesprochene Unfähigkeit des Menschen, mit dem Faktum seines Daseins zurechtzukommen, schon seit geraumer Zeit zu einer kollektiven Lebenskrise ausgeweitet hat. Angesichts dieser Tatsache ist es nicht zu hoch gegriffen, wenn man den Imperativ der „Annahme seiner selbst" dem frühen Wort vom „Erwachen der Kirche in den Seelen" an die Seite stellt, mit dem Guardini der durch den Ersten Weltkrieg erschütterten Jugend das Stichwort neuer religiöser Selbstfindung zugerufen hatte.

6. *Gläubige Selbstspiegelung*

Der Schlußstein, den Guardini dem Gebäude seiner Anthropologie mit der nachgelassenen ‚Existenz des Christen' einfügte, könnte, wie eingangs vermerkt, den ganzen Aufbau ins Wanken bringen, wenn er nicht mit seiner Rede ‚Nur wer Gott kennt, kennt den Menschen' (1952) lange zuvor schon den methodologischen Schlüssel dazu geboten hätte.[39] Zunächst freilich irritiert das nachgelassene Werk nicht wenig durch die Tatsache, daß es sich auf weite Strecken über den Glauben an Gott, die Schöpfung, den Urstand des Menschen, den Sündenfall und die darauf antwortende Erlösung, vor allem aber auf den Glauben an das Heilswerk Christi ergeht. Zwar nimmt es immer wieder auch Hauptmotive der beiden ‚Vorstufen' auf, wie insbesondere den für sein Personverständnis grundlegenden Gedanken, daß der Mensch im Unterschied zur dinghaften Schöpfung kein „bloßes Mach-Werk", sondern eine im strengen Sinn des Wortes ‚Hervorrufung' Gottes sei und daß er seine personale Würde demgemäß seinem Angerufensein verdanke; doch wird das anthropologische Interesse, dem irritierenden Ersteindruck zufolge, immer wieder von theologischen Erwägungen überlagert. Eine Ausnahme bildet allenfalls die nachdrücklichere Würdigung, die der Todesgedanke, gemessen an den anthropologischen Vorstufen, nunmehr erfährt, obwohl sie keineswegs an das durch Jaspers und Heidegger markierte Reflexionsniveau heranreicht. Immerhin widersetzt sich Guardini der neuzeitlichen „Vernebelung der Todesrealität", indem er von der „Einmischung des Todeselements ins ganze Leben" spricht und dadurch seine Berücksichtigung geradezu erzwingt.[40] Dafür fallen andere Bereiche der menschlichen Lebenswirklichkeit so gut wie ganz aus seinem Gesichtskreis heraus, darunter auch der der Arbeit, obwohl er gerade diesen ‚Ausfall' in seinem Dostojewskij-Buch am Romanwerk des Dichters bemängelt hatte.[41]

Zur Kompensation dieser Kopflastigkeit verhilft aber nicht nur die Rede zum Berliner Katholikentag, sondern vor allem auch ein Gedanke, der, werkgeschichtlich gesehen, der ‚Existenz des Christen' ungleich näher steht als sie. Guardini

39 Dazu außer meinem bereits erwähnten Beitrag ‚Vermächtnis und Anstoß' auch die Ausführungen meiner Schrift ‚Interpretation und Veränderung', 138–145.

40 *R. Guardini,* Existenz des Christen 149.

41 *R. Guardini,* Religiöse Gestalten in Dostojewskijs Werk, München 1947, 122; dazu *L. A. Zander,* Vom Geheimnis des Guten. Eine Dostojewskij-Interpretation, Stuttgart 1956, 162.

äußerte ihn im ersten seiner nachgelassenen ‚Theologischen Briefe an einen Freund' (1976), in welchem er für eine nachhaltige Kurskorrektur der Theologie plädiert. Auf die Frage nach ihrem leitenden Interesse antwortet er:

> „In der Regel scheint es die Sorge um das Heil des Menschen zu sein . . . Ist es aber das im Letzten Entscheidende? Müßte der Theologe nicht vor allem um Gott Sorge tragen? Sich dafür verantwortlich fühlen, daß Er mit der ganzen Majestät seines Herrentums im gläubigen Bewußtsein steht? Und wäre damit das Anliegen des Menschen nicht schon ganz von selbst gewahrt?"[42]

Im Blick auf den Titel seines Sammelbandes ‚Sorge um den Menschen' wirkt das zugleich wie eine späte Selbstkorrektur, die nach allen Anzeichen dann aber doch noch auf die Redaktion seiner nachgelassenen Anthropologie durchschlug. So gesehen ist diese mehr als nur eine monumentale Rekapitulation der in den edierten Werken bereits durchgespielten Motive. Der ‚Mehrwert' besteht dann aber darin, daß die ‚Existenz des Christen' eine anthropologische Lektüre der Glaubensgeheimnisse bietet. Deutlicher als sonst wirken hier die Mysterien als Spiegel, in denen sich der nach Gott fragende Mensch selbst wiedererkennt. Tatsächlich ließe sich auf dem Weg einer Differentialanalyse leicht der Nachweis führen, daß in der ‚Existenz des Christen' die Glaubensmysterien entschiedener als früher aus anthropologischer Perspektive betrachtet werden, obwohl dieser Gesichtspunkt auch in den früheren Werken nicht fehlt.[43]

Man könnte diese für die Endphase von Guardinis anthropologischen Studien typische Perspektivendrehung auch dahin

42 *R. Guardini,* Theologische Briefe an einen Freund, Paderborn 1976, 7f.

43 Um das an wenigstens einem, dafür aber hochaktuellen Beispiel zu verdeutlichen, so spricht Guardini im Zuge seiner Ausdeutung der paulinischen Christus-Mystik in erstaunlicher Annäherung an die Probleme der Leistungsgesellschaft davon, daß durch ihre befreiende Selbsterfahrung der „Zwang des Leisten-müssens und der Krampf des Leisten-wollens" verschwinden: Jesus Christus. Sein Bild in den Schriften des Neuen Testaments, Würzburg 1940, 72.

verdeutlichen, daß er hier, entschiedener noch als an anderen Stellen seines Werks, die ‚anthropologische Wende' der Gegenwartstheologie mitvollzog und zu einem nicht mehr hintergehbaren Vorgang ausgestaltet habe.[44] Tatsächlich kann Guardini als Kronzeuge dafür angerufen werden, daß in jedem Satz über Gott der Mensch mitgesagt ist. Zu dieser Überzeugung dürfte ihn nicht nur seine erzieherische Ausgangsposition geführt haben, durch die er sich ständig zur Rückfrage nach dem menschlichen Sinn des jeweils Erkannten bewogen sah. Vielmehr lag sie auch in der Konsequenz seines Heilsverständnisses und nicht zuletzt seines Begriffs vom Christentum, die für ihn jeweils durch das Moment der ‚Nicht-Objektivierbarkeit' gekennzeichnet waren. Was Sinn und Wesen des Christentums anlangt, so gilt für ihn:

> „Das Wesen des Christentums ist Er. Das, was er ist; das, woraus er kommt und wohin er geht; das, was in ihm und um ihn her lebt – lebendig vernommen aus seinem Munde, abgelesen von seinem Antlitz."[45]

Vor allem aber gilt für sein Heilsverständnis, daß jede vergegenständlichende Auffassung an der mit Heil gemeinten ‚Sache' vorbeigreift; denn:

> „Christus ist nicht, wenn man so sagen darf, ein in sich ruhendes, auch abgesehen vom Erlösungswerk bestehendes Wesen, das sich dann, wenn es ihm so gefiel, auch der Not der Menschen zuwendet, sondern durchaus und von Wesen Erlöser ... Alle seine Handlungen und Schicksale sind Vollzug von Erlösung, und als solche seiner Gestalt eingezeichnet. Auch jetzt noch ist er Erlöser; und auch jetzt noch ist jede einstige Handlung und jedes irdische Widerfahrnis in ihm als Erlösungsmacht da."[46]

44 Zu diesem Begriff siehe *Gerhold Becker,* Theologie in der Gegenwart, Regensburg 1978, 108–112.

45 *R. Guardini,* Christliches Bewußtsein. Versuche über Pascal, Leipzig 1935, 53f; fast ebenso formuliert er in ‚Das Wesen des Christentums', Würzburg 1949, 65.

46 *R. Guardini,* Jesus Christus 65.

Die Nicht-Objektivierbarkeit von Christentum und Heil besagt aber, positiv gelesen, daß der Rezipient des Heils, der erlösungsbedürftige Mensch, in einer Weise ins Heilsgeschehen mit hineingehört, daß er erst durch die göttliche Selbstzuwendung seine innerste Sinndeutung erfährt. Wer sich somit auch nur im erkenntnistheoretischen Sinn von der Sorge um den Menschen umtreiben läßt, kommt dann am raschesten zum Ziel, wenn er sich im Sinne des von Guardini vorgeschlagenen Paradigmenwechsels die ‚Sorge um Gott' zu eigen macht. Und das ist gleichbedeutend mit dem älteren Programmsatz, wonach nur die Gotteserkenntnis zur vollen Einsicht in das Menschenwesen führt.

7. *Sprachkritische Würdigung*

In ‚Welt und Person' fällt ein so starker Akzent auf das Sprachproblem, daß sich das Schicksal des in diesem Werk entwickelten anthropologischen Gedankens unwillkürlich damit verknüpft. Denn Sprache ist für Guardini nicht nur eine auszeichnende Bewegung des Menschseins, sondern, wie er im Anschluß an Heidegger sagt, der Raum, in welchem die Wahrheit vom Menschen erst voll zum Tragen kommt.[47] Sprache ist daher, wie es im gleichen Zusammenhang heißt, der Sinnraum, in dem sich wie Denken und Handeln so das ganze Sein des Menschen vollzieht; denn

> „sein geistiges Leben ist darauf ausgerichtet, mitgeteilt zu werden. Das bedeutet nicht, er sei sozial veranlagt. Es gibt ganze Zeiten, die individualistische Struktur haben; gibt auch im Leben jedes Menschen Phasen, während derer er sich in sich selbst verschließen muß, wenn er nicht Schaden leiden soll. Hier ist etwas gemeint, was im Wesen der geistigen Existenz selbst liegt: die Tatsache, daß geistiges Leben sich wesentlich in der Sprache vollzieht."[48]

47 *R. Guardini,* Welt und Person 109.

48 A.a.O. 108.

Das erzwingt aber geradezu die Gegenprobe in Form der Frage, ob es Guardini gelang, den von ihm beabsichtigten anthropologischen Gedankenfortschritt in der Form zu verifizieren, daß er den Sprachraum so erweiterte, daß der Sinn des Menschseins darin auf neue Weise sagbar wurde. Da der Logos der Sprache mit Logik zu tun hat, wird man einen ersten Beweis dafür schon darin erblicken dürfen, daß er für seine Sinnbestimmung des christlichen – und das heißt für ihn: durch Christus zum Selbstbegriff geführten – Personseins eine höhere Logik als die „auf dem Satz der Identität des Widerspruchs" beruhende in Anspruch nimmt, weil die mystische Selbsterfahrung, wie sie insbesondere von Paulus bezeugt und gelebt wird, von ihr nicht mehr abgedeckt werden könne.[49] Erst recht schlägt in diesem Zusammenhang das zu Buch, was das anthropologische Schlüsselwerk – ‚Welt und Person' – abschließend zur schicksalhaften Verwobenheit des menschlichen Daseins in übergreifende Sinn- und Geschehenskontexte ausführt. Die dem Menschen als schicksalshafte Übermacht gegenübertretende Welt entstehe, so heißt es hier, „zur Hälfte ‚von außen', zur anderen von innen" und damit von dem her, was man als die ‚Gesinnung' bezeichnen könne:

> „Freilich muß dieser Begriff tief genug genommen werden. Er bedeutet nicht nur das, was man bewußt will, oder selbst die erkennbare Grundhaltung dieses Wollens. Er darf auch nicht nur moralisch gefaßt werden, als die Bejahung des Guten oder des Bösen. ‚Gesinnung' ist vielmehr die allem bewußten Wollen voraufgehende Tiefenhaltung; die innere Verschlossenheit oder Offenheit, Enge oder Großmut, Angst oder Bereitschaft, Schwäche oder Kraft, welche die erste Gewilltheit und Richtung des Lebens bestimmen und so dessen Vorentscheidung schlechthin darstellen."[50]

Damit weitet sich aber der Begriff des Menschseins ins Transsubjektive, so daß sich von ihm her die Geschehnisse der

49 A. a. O. 117.

50 A. a. O. 154.

Umwelt entscheiden, so wie es an diese ausgeliefert, von ihnen zumindest mitbestimmt ist. Ein Verständnis des Menschen gewinnt hier Konturen, das aufgehört hat, sein Wesen gegenständlich zu fassen und es statt dessen als Knotenpunkt von Strukturen und Kraftlinien begreift, die es, bei aller Betonung seiner personalen Würde, zugleich als exemplarischen ‚Fall' eines Gesamtzusammenhangs erscheinen lassen.

In eine ähnliche Richtung führt das Sprachproblem, wie es zu Beginn der ‚Existenz des Christen' aufgeworfen wird. Dort legt Guardini großen Nachdruck darauf, daß er seine Gedanken im ständigen Rückbezug auf die mitdenkende Hörerschaft entwickelt; bis in die Gedankenführung und in den Tonfall hinein lebe es aus dem „Einvernehmen zwischen dem Sprechenden und den Hörern", weil es nur so der darin verhandelten Wahrheit entspreche.[51] Das wird zwar nur mit dem Hinweis auf die der Gegenstandserkenntnis entrückte „andere Natur" der Offenbarungswahrheit begründet; doch gilt es uneingeschränkt auch von der nicht-objektivierbaren Natur des thematisch behandelten Menschen. Nicht umsonst legt es Guardini hier, intensiver als je sonst, darauf an, die bei seinen Rezipienten vermuteten Vorurteile abzubauen, so daß ihm die Darlegung auf beträchtliche Strecken zu einer ausgesprochenen Idolen-Kritik gerät.[52] Doch gibt es im ganzen Werk keine Stelle, an der sich so etwas wie ein ‚Rückmeldeeffekt' einstellen würde, geschweige denn, daß es zu einer Bestätigung jenes Einvernehmens käme, um das es ihm nach der Eingangsbemerkung zu tun ist. Zwar erhebt er sich nochmals zu dem für dieses Einvernehmen grundlegenden Gedanken vom universalen Einbezogensein der Einzelexistenz, in den er ‚Person und Welt' ausklingen ließ, wenn er versichert:

> „Niemand weiß, aus welchen – vielleicht räumlich entfernten oder zeitlich vergangenen – gläubigen Existenzen heraus sein

51 *R. Guardini,* Die Existenz des Christen 1; 4f.

52 Wie in ‚Vermächtnis und Anstoß' ausgeführt, steht dem eine zweite Strategie gegenüber, mit der Guardini den durch die von ihm jeweils angeschlagenen Themen ausgelösten Assoziationen zuvorkommt, um seine Hörer von vornherein auf die richtige Sinnbahn zu bringen, und die insofern ‚explikativen' Charakter hat (444).

eigener Glaube gespeist wird, sein Tun Kraft bekommt – ebensowenig wie er weiß, welche Menschen er selbst mitträgt."[53]

Doch entschädigt das schwerlich für die ermüdenden Passagen, in denen längst schon Bekanntes in breiter Ausführlichkeit wiederholt wird, ohne daß der Funke des erhofften Einvernehmens sichtbar überspringt. Eine ganz andere Perspektive ergibt sich freilich, wenn man den erzieherischen Effekt bedenkt, der von der inneren Monumentalität und dem großen Atem dieser bewußt auf der Stelle tretenden Passagen ausgeht. Er ist gleichbedeutend mit jenem ‚Stabilisierungseffekt', aus dem sich nicht zuletzt die suggestive Wirkung erklären dürfte, die Guardini zeitlebens auf seinen Hörer- und Leserkreis ausübte. Gerade im Vorgefühl der sich während seiner letzten Schaffenszeit bereits leise ankündigenden Studentenunruhe und des durch sie signalisierten geistigen Umbruchs mußte dieser Stabilisierungseffekt als eins der wenigen Hoffnungszeichen erscheinen, die in dieser sich zusehends verdüsternden Zeit zu erkennen waren.

Noch kritischer stellt sich das Sprachproblem in den beiden Texten dar, die Guardini mit den programmatischen Titeln „Nur wer Gott kennt, kennt den Menschen" und „Die Annahme seiner selbst" überschrieb. Denn auch der um Vergegenwärtigung der damaligen Zeitsituation bemühte Leser wird nicht übersehen können, daß diese Texte, von einzelnen Wendungen abgesehen, nicht oder doch nur bedingt das halten, was sie durch ihre suggestiven Titel versprechen. So entsteht geradezu der Eindruck, daß diese Texte hauptsächlich um ihrer Titel willen verfaßt wurden und daß ihr Verfasser das, was ihm zu sagen gegeben war, bereits in der programmatischen Formulierung der jeweiligen Überschriften sagte. Bei jedem anderen Autor wäre das eine fatale Feststellung; nicht so bei Guardini. Denn er hatte, wie erinnerlich, seine schriftstellerische und pädagogische – um nicht zu sagen: kerygmatische –

53 A. a. O. 409.

Identität damals gewonnen, als er der aus der Katastrophe des Ersten Weltkriegs hervorgegangenen Jugend mit dem Satz vom Erwachen der Kirche in den Seelen das Stichwort ihrer religiösen Selbstfindung zurief.[54] Daß es ihm gegeben war, Worte von einer vergleichbar stigmatischen Kraft gerade im Kontext seiner Anthropologie zu entwickeln, läßt seine Bemühung um die Sinndeutung des Menschseins vielmehr in einem neuen Licht erscheinen. Soviel er mit der Aufhellung menschlicher Strukturen und Situationen, vor allem auch mit seinem Entwurf einer ‚Modalanthropologie‘ geleistet haben mag, erscheint er jetzt, in dieser Schlußperspektive, doch eher in der Rolle des Regisseurs, der dem von ihm ins Spiel gebrachten Menschen das Stichwort zuruft, das ihn zur Übernahme seiner Rolle bewegt. Und was könnte von einer Anthropologie, die nicht nur nach dem ‚Was‘, sondern auch nach dem ‚Wo‘ und ‚Wer‘ des Menschen fragt, mehr erwartet und geleistet werden?

54 So formulierte Guardini zunächst in einem Hochland-Aufsatz (1922), bevor er seine Schrift ‚Vom Sinn der Kirche‘ (1922) mit dem Satz eröffnete: „Ein religiöser Vorgang von unabsehbarer Tragweite hat eingesetzt: Die Kirche erwacht in den Seelen“. Nicht unerwähnt bleibe die Tatsache, daß Guardini in der ‚Existenz des Christen‘ in offenkundiger Anspielung an das frühe Leitwort von einem Erwachen des Begriffs „Volk Gottes“ spricht, mit dem das Zweite Vatikanum seinen wahrhaft „charismatischen Charakter“ unter Beweis gestellt habe (401 f).

Hermann Kunisch

Interpretatio Christiana

Anlaß und Grundzüge der Deutung großer schöpferischer Gestalten durch Romano Guardini*

Zur Umschreibung meiner Aufgabe stelle ich dem Folgenden ein Wort von Hugo von Hofmannsthal voraus. Es steht in einem Essay aus dem Jahre 1911 über Goethes „West-östlichen Divan". Zwischen beiden Namen – Goethe und Hofmannsthal – und Guardini besteht, so scheint mir, ein geheimer Zusammenhang, sei es in direkter Berührung, sei es in geistiger Verwandtschaft.

Ob Guardini sich mit Hofmannsthal beschäftigt hat, vermag ich nicht zu sagen; aber von Einem zum Andern geht ein feiner innerer Bezug. Hofmannsthals universale Bildung, persönliche Kultur und europäisches Bewußtsein antworten auf Guardinis verwandte Geistesart. Diese großen universellen Wesenszüge sind beiden in einem unübersehbaren Maße eigen. Auch die im Umgang spürbare Scheu, Verhaltenheit und Stille, die Guardini auszeichnete, erinnert an Hofmannsthal. Wie dieser vor Richard Straußens Temperament und Lautheit zurückwich, so Guardini vor allzu direkter und taktloser Berührung und Inanspruchnahme.

Goethe gehört zu Guardinis geistiger Welt, auch wenn sein Umgang mit dem Weimaraner von einer geheimnisvollen Widersprüchlichkeit zwischen einer auf Wesensverwandtschaft beruhenden Zustimmung und unsicherer, gelegentlich gereizter Ablehnung bestimmt war.

* Die Druckfassung dieses Vortrages bewahrt im ganzen die ursprüngliche Gestalt. Hinzugefügt wurden einige Präzisierungen und leichte Korrekturen. Die Anmerkungen geben notwendige bibliographische Nachweise und ergänzende Zusätze. – Diese Darstellung berührt sich vielfach mit meiner früheren Arbeit „Guardini als Interpret" (als Vortrag gehalten 1936 auf Burg Rothenfels, 1977 in der Katholischen Akademie in München, gedruckt in „Stimmen der Zeit", Band 195, 1977; jetzt in *H. Kunisch,* „Von der ‚Reichsunmittelbarkeit der Poesie'", Berlin 1979, 155–173).

Das Leitwort aus Hofmannsthals Goethe-Essay lautet: „Das Reine, Starke ist schwer zu fassen, eben um seiner Reinheit, seiner Stärke willen. Das Bizarre fesselt den Blick, das schwächlich Gefühlvolle zieht uns hinüber, das Übertriebene drängt sich auf, das Leere noch und das Gräßliche haben ihre Anziehung: das Reine, Starke auch nur gewahr zu werden, bedarf es der Aufmerksamkeit. So auch unter Menschen: ist nicht, um des Menschen Bestes und Reinstes in sich zu nehmen, ein erhöhter Zustand nötig, den wir Liebe nennen?" (Gesammelte Werke. Prosa III, 159).

Man möge dies als einen Hinweis nehmen auf den Gegenstand unserer Betrachtung wie auch als eine Charakterisierung der Eigenart unserer Aufgabe: eben das „Reine" und „Starke" ehrfürchtig und mit „Liebe" darzustellen.

Romano Guardini, der im Persönlichen so Scheue und Zurückhaltende, hat sich nur selten und dann mit spürbarer Vorsicht über die Hintergründe seiner öffentlichen Arbeit und seines großen schriftstellerischen Werkes geäußert. Außer den jüngst ans Licht getretenen, ursprünglich nicht zur Veröffentlichung bestimmten Texten aus dem Nachlaß besitzen wir an Äußerungen zur eigenen Person und dem Sinn seiner Arbeit nur das kleine kostbare Bändchen, mit seiner Billigung 1965 von dem mit Rothenfels verbundenen „Werkbund-Verlag" herausgegeben: „Stationen und Rückblicke". Es enthält die Dankreden zu den Feiern seines 70. und 80. Geburtstages vor Fakultät und Universität in München, die reizvolle Meditation über die heimatlichen „Bäume von Isola Vicentina" (1963) und sein Bekenntnis über seine „vielen Bücher", 1955 in einem Freundeskreis vorgetragen.

1. Der Anlaß

In dem ersten der in den „Stationen" versammelten Beiträge hat er in Verbindung mit den Schwierigkeiten, die ihm die

Übernahme des Berliner Lehrauftrags mit dem von außen bestimmten Titel „Katholische Religionsphilosophie und Weltanschauung“ (1923) bereitete, davon gesprochen, welche Hilfe ihm Max Scheler geboten habe, als er ihm die Frage, was „christliche Weltanschauung als Lehrfach“ sei, klären half. Das war für jemanden, der sich für „systematische Theologie“ habilitiert hatte, eine Herausforderung und Beanspruchung ungewöhnlicher Art.

„Sie müßten tun, was im Wort ‚Weltanschauung‘ liegt: die Welt betrachten, die Dinge, den Menschen, die Werke, aber als verantwortungsbewußter Christ, und auf wissenschaftlicher Ebene sagen, was Sie sehen“ (19). Wir sollten diesen generösen und klugen Dienst, den Scheler seinem „Kollegen“ Guardini geleistet hat, nicht vergessen. Das entscheidende Wort war: „sehen“. Es traf auf eine für Guardini kennzeichnende Art seiner geistigen Verfassung: *sehen, anschauen.* Darüber hinaus verwies Scheler ihn darauf, an großen Gestalten des Geistes und der Dichtung zu erfahren, wie das ist, wenn jemand zum „Glauben“ kommt. So sind die Neuland eröffnenden und dadurch zahllose Hörer faszinierenden Vorlesungen in Berlin, Tübingen und München und – auf ihnen ruhend – die Monographien Guardinis entstanden: von Sokrates, Augustin, Dante, Pascal bis zu Hölderlin, Mörike, Dostojewskij und Rilke. „Was ich hier verließ, war die systematische Theologie, was ich suchte, war die ‚Welt‘. Das Erste durfte aber nicht verlassen werden; so entstand die Einheit jenes Blickes, der vom Glauben her die lebendige Wirklichkeit der Welt erfaßt“ (Pascal 21).

Der äußere Anlaß, die Übernahme des Gast-Lehrstuhls für Religionsphilosophie an der Universität Berlin, brachte Fähigkeiten zur Entfaltung, die in Guardinis reicher, das Fachwissenschaftliche übersteigenden Geistesart angelegt waren. Was an ihn herangetragen wurde, begegnete dem eigenen Fragen, dessen Mitte die Suche nach dem *Menschen* war, und dem als Verpflichtung empfundenen Streben nach Unterscheidung, Klärung und geistiger Ordnung, von der „Verantwortungskraft der Person“ getragen. Die Situation, in die er gestellt war, und seine eigene Art bewirkten, daß er diese Aufgabe nicht systematisch betrieb, sondern in der „Begegnung“ mit geistlichen, geistigen und künstlerischen Zeugnissen; genauer: in der „beständigen, sozusagen methodischen Begegnung zwischen dem ‚Glauben‘ und der ‚Welt‘ “ (Stationen 20). Das heißt „im Konkreten“, zwischen dem von der Offenbarung her denkenden Christen und „der Kultur und ihren Erscheinungen, der Geschichte, des Soziallebens und so fort“. Wir setzen hinzu: und der Dichtung, zu der ihn eine besondere, früh geweckte Begabung führte. Aufs Ganze gesehen: „Begegnung, Blick vom Einen auf das Andere“:

Interpretatio christiana

Aus solcher von außen (Lehrauftrag) und innen (Begabung und Neigung) veranlaßten Sehweise ergibt sich die besondere Form seiner interpretatorischen Arbeit. Sie will, wie er mehrfach selbst betont hat, keine „historische“ oder „literaturwissenschaftliche“ Forschung sein. Ihr Gegenstand ist der *Mensch,* wie er ihm in überragenden Gestalten begegnete, und dessen Stehen in der „Welt“; was für Guardini im wesentlichen bedeutete, wie er, der Mensch, sich der „Wahrheit“ der Offenbarung gegenüber verhält, was weiterhin heißt, wie er zu sich selbst steht und damit zu dem ihn Umgebenden, den Menschen und den Dingen.[1] Einige der sich daraus herleitenden Züge von Guardinis *Interpretatio christiana* seien hier, obwohl sie nicht zu unserem engeren Gegenstand gehören, in gebotener Konzentration aufgeführt.

Die wichtigste, in fast allen seinen Monographien – und in dem großen philosophisch-theologischen Quartett[2] – mit

1 Von da her erklären sich bestimmte Eigenarten seiner Darstellungsweise, die vielfach Anstoß erregt haben: der Verzicht auf Auseinandersetzung mit der Forschung und die Weise, den Autor selbst ausführlich zu Worte kommen zu lassen.

2 „Der Gegensatz. Versuche zu einer Philosophie des Lebendig-Konkreten“ (1925; Neudruck 1955; bis in die späte Zeit von ihm „immer noch bejaht“) – „Welt und Person. Versuche zur christlichen Lehre vom Menschen“ (1939) – „Freiheit, Gnade, Schicksal. Drei Kapitel zur Deutung des Daseins“ (1948) – „Das Ende der Neuzeit. Ein Versuch zur Orientierung“ (1950).

besonderer Intensität dargestellte Erkenntnis ist diese: Der Mensch ist „Wesen über sich hinaus", nicht sich selbst genügend. „Selbstwerdung" (Goethe würde sagen „verselbsten") geschieht erst in der Hingabe an ein Du, dessen höchste Möglichkeit für den Menschen *Gott* ist. *Person* gründet in Beziehung auf ein Du, besteht wesentlich im *Dialog*.

„Das letzte, den Menschen Definierende stammt nicht aus der Natur, sondern aus Gott", der sich in Gnade und Offenbarung ihm „öffnet" (Pascal 98).

Das hat zur Voraussetzung, daß der Mensch – im Gegensatz zur Auffassung aller „naturalistischen, humanistischen, individualistischen oder kollektivistischen" Deutung – von Gott geschaffen, „Geschöpf" ist, das wieder zu Gott zurückkehren soll: *ad Deum creatus.* Der vom „Licht über der menschlichen Vernunft" geschaffene Mensch ist *capax Dei,* durch die Gnade zur Teilhabe am Leben Gottes fähig und bestimmt.[3]

Dieser Mensch als Geschöpf Gottes ist geschichtliches Wesen, nicht nur „Idee". Er steht in wirklicher Geschichte und ist aufgerufen, sein geistiges Dasein „in ihr zu rechtfertigen", „es in ihr und aus ihr heraus sich selbst verständlich zu machen" (Pascal 11; dazu die grundlegenden Darlegungen in: Freiheit, Gnade, Schicksal).

Die Gefahr der „Entmächtigung" des Hiesigen und der Geschichte sah Guardini bei Augustin, dem gegenüber Thomas von Aquin die „Eigendichte des endlichen Seins" ausdrücklich verteidigte. In seinem Dostojewskij-Buch weist Guardini in der leidenschaftlichen Auseinandersetzung mit Iwán Karamasoff die Interpretation der Gestalt Christi als ohne Bezug zum mittleren, das heißt weltlichen, geschichtlichen Bereich des Daseins stehend, zurück. Das müßte näher verfolgt werden, wozu hier nicht der Ort ist. Im Anschluß an Dante lehnt er drei Deutungen des Endlichen ab: die Verneinung des Endlichen als uneigentlich, unwesentlich, vor dem

3 Vgl. dazu die Bestimmung der Person im zweiten Teil von „Welt und Person" (S. 119ff), zum personalen Bezug dort S. 150ff.

„Absoluten“ kapitulierend (Platon, Mysterienreligionen, Buddhismus); das Endliche als das Einzigseiende (wenn auch „sinnlose Faktizität“), dem gegenüber das „Absolute“ Abstraktion ist (Existentialismus); Endlichkeit und Absolutheit als in dialektischem Verhältnis stehend: das Endliche ist Erscheinungs- und Verwirklichungsform des Absoluten (Idealismus des 19. Jahrhunderts, Scheler).

Im Gegensatz dazu vertritt Guardini die christlich-realistische Form der Weltdeutung – wie unabhängig von ihm Theodor Haecker in den fast gleichzeitigen Werken: „Was ist der Mensch?“ (1933); „Schöpfer und Schöpfung“ (1934); „Der Christ und die Geschichte“ (1935) – : Gott ist, als „aus sich wirklich und absolut“ und keiner Welt bedürfend, Schöpfer dieser Welt aus „Freiheit“ und „Liebe“. Damit ist die Welt „Wirklichkeit“. Ihre Erscheinungsform ist die Geschichte. *Omne ens est verum*, und daraus folgend: *bonum* und *pulchrum*.

So vermag Guardini das Heilige als das Numinose (im Anschluß an Rudolf Otto, dem er sich dankbar verpflichtet fühlte) als Gegebenheit im Raum der Welt und des Menschen einzusehen und anzunehmen; auch und gerade weil er weiß, daß das „Heilige“ ein in der „Grundtendenz des Menschenherzens“ begründetes „Ärgernis“ ist. „Das Heilige reizt bis zum Haß“ (Pascal 170ff). Es war einer der Gründe für Guardinis Schwermut, zu wissen, daß das Christliche aus einer unheimlichen Tiefe des Menschen heraus immer der Gegenstand der Ablehnung, des Widerstandes ist, zu allem Natürlichen „querstehend“.

Für Guardinis christliches Verhältnis ist „Welt“ geheimnisvoll, nicht vertraut. Vertraut aber ist – so bekennt sich Guardini zu einer bei Anselm und Dante sichtbar werdenden Mittelalterlichkeit – dem Menschen die eigene Seele, die religiöse Wirklichkeit des konkreten lebendigen Gottes, der der „Nicht-Andere“ ist (Welt und Person), in Jesus Christus offenbar geworden, und der „durch die Kirche in der Geschichte wirkt“ (Dante).

Hier wären endlich noch zu nennen Guardinis in der Auseinandersetzung mit seinen Zeugen verdeutlichte Unterscheidung von *Glaube* und *Offenbarung;* seine Anerkennung der Wirklichkeit des *Bösen* (Augustin). In allem war es sein großes Anliegen, eine idealistische Geistigkeit, die in verschiedenen Formen das Weltbild der Neuzeit bestimmt – oder verführt –, in den Zusammenhang von Menschendasein und Geschichte zurückzuführen.

2. Grundzüge der Interpretation

Die Gegenstände

Romano Guardinis repräsentative Monographien über Gestalten der abendländischen Geistesgeschichte bilden die Ernte meist der dreißiger Jahre. Sicher nicht ohne innere Beziehung zu dem Unheil der Zeit im Sinne der „Unterscheidung“: man denke nur an die Klärung des Wesens der *Person*, für die damalige Situation von eminenter Aktualität. Der Angriff der Zeit galt damals, wie noch heute, in der Tiefe der einmaligen, ein unverwechselbares Antlitz tragenden Person. Dem gegenüber sah Guardini seine Aufgabe darin, die personale Existenz des Menschen am Beispiel großer schöpferischer Gestalten zu klären.[4] Uns geht es nun darum, die Auswahl der Gestalten und die Weise, wie Guardini mit ihnen umgeht, darzustellen.

Wie immer in solchen Fällen, können äußere „Zufälle“ im Spiele sein; häufiger werden innere Beweggründe gewirkt haben. Im einzelnen ist schwer zu entscheiden, was den Ausschlag gegeben hat; in manchen Fällen haben Äußeres und

4 Voraufgegangen waren, von kleineren Aufsätzen abgesehen, zwei im Zusammenhang der geplanten wissenschaftlichen Laufbahn entstandene fach-wissenschaftliche Arbeiten über die Theologie Bonaventuras: „Die Lehre des heiligen Bonaventura von der Erlösung. Ein Beitrag zur Geschichte und zum System der Erlösungslehre“ (Dissertation, Freiburg/Br. 1915, Druck 1922); „Systembildende Elemente in der Theologie Bonaventuras. Die Lehre vom lumen mentis, von der gradatio entium und von der influentia sensus et motus und ihre Bedeutung für den Aufbau des Systems Bonaventuras“ (Habilitationsschrift, Bonn 1922, gedruckt 1964).

Inneres sich verbunden. Guardini war ein großer Leser und Lernender.[5] Aus der Fülle des ihm so Bekanntgewordenen wurde für ihn bedeutsam, was seine zustimmende oder kritische Antwort herausforderte, oder was ihm zur Klärung seiner eigenen Situation wichtig erschien. Es kann sich hier nicht um eine Gesamtcharakteristik der Werke handeln; es sollen nur einige Grundzüge herausgehoben werden; Ergänzendes wird in dem folgenden Abschnitt über den interpretatorischen Prozeß noch zu nennen sein.

Die Beschäftigung mit Dante erklärt sich leicht aus seiner italienischen Herkunft. Früh hat der Vater ihn mit Dante bekanntgemacht. Wenn er, der Italiener von Geburt, sich sonst dem Italienischen (wie überhaupt dem Romanischen, von Pascal abgesehen) nicht zugewandt hat, so hat das auch darin seinen Grund, daß er sich dem Nordisch-Deutschen näher verwandt fühlte. Er als einziger aus der Familie, die 1903 aus beruflichen Gründen nach Deutschland übersiedelte, ist Deutschland treu geblieben und hat die deutsche Staatsbürgerschaft angenommen. Bei aller Liebe zur romanischen Gestalthaftigkeit (der Bau seiner Bücher zeugt dafür), empfand er im „Deutschen" Züge einer Innerlichkeit, die ihm wesentlich waren. Aus der Erinnerung darf ich mitteilen, daß es ihm auf einer Rückfahrt von Rom nach Deutschland nach der Überquerung des Brenner entfuhr: „Eine Dimension mehr!"[6] Ein besonderer Zug im Bilde Guardinis, der nur mit Vorsicht auszusprechen und schwer zu deuten ist. Er entzieht sich der Bewertung. Dieser bei oberflächlicher Betrachtung so sicher scheinende Mensch war in der Tiefe Spannungen und Versuchungen ausgesetzt. Eine dieser Spannungen ist die zwischen der romanischen Herkunft und deutscher Wahlheimat.

5 Es müßte einmal aufgrund seiner erhalten gebliebenen Bibliothek (im Besitz der Katholischen Akademie in Bayern, München) untersucht werden, was ihn interessiert, welche Autoren und Sachgebiete er bevorzugt und in welcher Art er sich mit ihnen beschäftigt hat (Arbeitsnotizen, Anstreichungen etc.).

6 Es mag noch hinzugefügt sein, daß er ein besonderes Interesse an der „Edda" und den nordischen „Sagas" hatte.

Die Werke über Sokrates (1943), Augustin (1938), Pascal (1935), Dostojewskij (1933) verdanken ihre Entstehung und die Intensität ihrer Auseinandersetzung innerer Begegnung und Herausforderung (so besonders im Falle Dostojewskijs). Gemeinsam ist diesen Werken das Fragen nach dem Wesen des Menschen in seinem Verhältnis zur Welt, zum Tode, zur Überwelt, zu Gott. Das heißt, nach der „philosophischen Existenz" in ihrem Verhältnis zur *Wahrheit*.

Der „Sokrates" ist Guardinis wissenschaftlichstes Werk, nicht in dem Sinne historischer Deutung – das geschichtliche Verhältnis Platons zu Sokrates bleibt ganz aus dem Spiel –, sondern in der minutiösen Untersuchung der Phänomene und der subtilen Interpretation der inneren Vorgänge beim Tode des Sokrates. Sein Charakteristisches hat dieses Buch in der Herausarbeitung der Grundform des das Handeln des Sokrates bestimmenden „Daimonion" und seines Verhältnisses zu dem, was dem Interpreten bei den Dichtern (Hölderlin, Rilke) als das Seherische, Visionäre begegnet war.

Der „Augustin" ist Guardinis am wenigsten „klassisches" Buch. Es ist stark von Augustins „Kreisdenken" geprägt, „vom heiligen Kreisgang jener ewigen Melodie ergriffen", oft unruhig, sich wiederholend, über den engeren Gegenstand hinausführend, die geistliche Unruhe Augustins zum Anlaß nehmend, sich seiner eigenen, immer in Frage gestellten Position zu vergewissern: Was ist Glaube, Geist, Liebe, Licht? Es gibt Geistiges, das sich einem aufdrängt, weil man seiner bedarf.

Die Beschäftigung mit Dichtern und Dichtung entspringt außerdem auch einer besonderen Anlage, dem Gehör für dichterische Aussage. Die Auswahl aber ergibt sich aus der bei Dante ihm zuerst deutlich werdenden Frage nach der dichterischen Vision, der Inspiration und ihrer Berührung mit dem Daimonion des Sokrates und dem „göttlichen Wahnsinn" bei Platon. Genauerhin heißt das im Hinblick auf das, was die Dichtung angeht: Guardinis innerstes Interesse galt der Frage, ob und in welcher Weise es den Dichter als „vates", als „Seher" gibt.

Der in lange währender Auseinandersetzung mit der Gestalt Christi und der in ihm sich begebenden Offenbarung stehende Theologe fragt in der Dichtung nach der Herkunft ihres Sprechens, nach einem den Dichter übersteigenden „Auftrag" (Rilke). Dabei vor allem, ob dieser Auftrag wirklich existiert, und woher, oder ob er nur vorgegeben wird. Ist Dichtung Ergebnis natürlicher Begabung, geformt durch Bildung, Wissen, persönliche Kultur? Oder gibt es außerdem in großen dichterischen Bekundungen Spuren säkularisierter „Offenbarung": Pindar, Dante, Hölderlin, Rilke? Das steht in Verbindung mit Guardinis Bemühungen um die „Unterscheidung" von „Glaube" und „religiöser Erfahrung" in Studien, die noch heute von Bedeutung sind. Gibt es Dichtung als Ausdruck religiöser Erfahrung außerhalb der den Glauben begründenden Offenbarung? Wer oder was spricht in solcher Dichtung? Daß darin ein die Intuition – wie sie in jeder Kunst wirksam ist – übersteigernder Prozeß sich vollzieht, schien ihm bei Dante gesichert zu sein. Aber welcher Art ist die „Einsprache" (es sei gestattet, hier diese mystische Benennung – *înspruch* – des Sich-Kundtuns Gottes im „Seelengrunde" zu verwenden)? Wer oder was bekundet sich: „Gott" (Dante) oder die „Götter" (Hölderlin) oder eine Weltqualität, die wir seit Rudolf Otto das „Heilige", das „Numinose" nennen (Rilke)? Die Antwort verdichtete sich immer deutlicher zu der Annahme einer dichterischen „Inspiration" (von der Nietzsche wohl als erster ernsthaft gesprochen hat: *Ecce homo*, „Also sprach Zarathustra" 3) als Kundgabe numinoser Mächte, der Geheimnisqualitäten des Daseins, des „Heiligen", was Hölderlin als „Götter", Rilke als ein von ihm unterschiedenes „Es" erfuhr.

Im Falle Hölderlins hielt Guardini bis zuletzt an der „Inspiration" als einer sicheren Tatsache fest. Bei Rilke (schon in seiner Elegien-Interpretation, 1958, deren Nachwort wie ein Protest gegen Rilke ist) wurde er zunehmend unsicherer. Im Gespräch äußerte er: „Wenn man Hölderlin fragt (er meinte, nach dem „Heiligen" in der Welt und der daraus hervorgehenden Dichtung), bekommt man immer eine Antwort; bei Nietzsche eine getrübte, bei Rilke keine überzeugende mehr." Oder noch deutlicher in einem Brief vom Februar 1950: „Dieser Tage bin ich mit der Interpretation der zehnten Elegie fertig geworden – die, fürchte ich, nicht ‚sehr, sehr herrlich' ist, wie ihr Verfasser an Lou Andreas Salomé geschrieben hat". Noch über diese Zweifel hinaus, mündlich am 8. 4. 1956, auf den Inhalt der angeblichen „Offenbarung" in Rilkes Spätdichtung bezogen: „Ich bin so weit, daß ich ihm nichts mehr glaube." Der aus Verantwortung Fragende, sich der „Wahrheit" verpflichtet Fühlende, löst sich von einer Haltung, der er Würde und Ernst nicht mehr zuerkennen kann. In der Mitte dieser radikalen Distanzierung stand das Problem der *Person*, die er bei Rilke in Frage gestellt sah. In der von dem Dichter mit Unbedingtheit und einsichtsloser Härte (den „zarten" Rilke hat es nie gegeben) verkündeten „besitzlosen Liebe", der die Ablehnung der Wirkung des Kunstwerks korrespondierte, sah Guardini mit Recht eine Leugnung der Personalität des Menschen.

In die Reihe dieser der dichterischen „Vision" gewidmeten Untersuchungen gehört – wenn auch nicht von gleichem Gewicht – die liebenswürdige Deutung von fünf Gedichten Mörikes (1957). Guardini stellt hier die Frage, ob sich in einigen Gedichten Mörikes nicht Mitteilung numinoser Daseinsqualitäten feststellen ließe. Er bejaht sie, am überzeugendsten in der immer als harmlos-idyllisch gelesenen „Schönen Buche". Sicher war schon damals die Auffassung des biedermeierlichen Idyllikers Mörike (oder gar seine Verfemung als „Verrat des deutschen Bürgertums") überwunden. Aber Guardini entdeckte doch eine neue Qualität und Tiefe in der Dichtung Mörikes: Mitteilung naturhafter „Mächtigkeit", Erfahrung des „Geheimnischarakters" der Welt. Von hier aus gesehen, bleibt es zu bedauern, daß ihm Annette von Droste-Hülshoff (aus welchen Gründen? zufällig?) unbekannt geblieben ist. Bei ihr hätte er, was die Erfahrung numinoser Daseinsqualitäten angeht, Größeres, Überzeugenderes noch als bei Mörike finden können.

Wir fragen in diesem Kapitel nach der Auswahl der von Guardini befragten und ausgelegten dichterischen Gestalten. Es bleibt noch die bewegende Fremdheit Goethe gegenüber; trotz mancher Goetheschen Züge in seinem eigenen Wesensbild (wovon später noch die Rede sein wird). Es gibt wenige Zeugnisse einer ernsthaften Beschäftigung mit ihm. Er galt ihm wohl als zum gesicherten Besitz literarischer Bildung gehörig, dessen Aneignung selbstverständlich sei und der keiner besonderen Erwähnung bedürfe. Zu diesem für das deutsche Geisteswesen Selbstverständlichen rechnete er besonders Goethes sprachliche Meisterschaft. Wer sprechen lernen will, so stellt er bündig fest, geht nicht zu Rilke, sondern zu Goethe oder Mörike.

Dieses vorbildliche Sprechen erschien ihm als Folge der Richtung Goethes auf das Wirkliche, ein Weltverhalten, in dem Guardini etwas ihm Verwandtes erblickte. Wir wissen von der spontan entstandenen „Huldigung" Goethes auf Rothenfels (1924, aus Anlaß von Goethes 175. Geburtstag), bei der Goethe in Beziehung zu Thomas von Aquin gesetzt wurde. Verwandt seien sie, so ergab sich, in der Weise, wie sie die Welt anschauen, in der „objektiven Richtung": „die Dinge sehen, wie sie sind", sich „der Wahrheit der Dinge" überantworten, sich nach der „Wahrheit der Sachen" richten; ein Weltverhalten, das Guardini damals im Hinblick auf Thomas wie auf Goethe als „klassisch" bezeichnete.[7]

Von dieser Grundrichtung Goethes her bestimmt Guardini, sicher Wesentliches berührend, dessen Ort in den Vorgängen der Auflösung der „Neuzeit".[8] Seine sachliche und berechtigte Grenzziehung gegenüber Goethes Bewertung von Natur, Per-

7 Einer der Teilnehmer dieser Goethe-Feier war Josef Pieper. Ihm wurde durch Guardinis Deutung die ihm bis dahin unbewußte Richtung auf die „Wahrheit der Dinge" deutlich. Vgl. *Josef Pieper*, „Noch wußte es niemand. Autobiographische Aufzeichnungen 1904–1945", München 1976, S. 69f. Seine eigenen Erkenntnisse hat er später entwickelt in Büchern wie: „Wahrheit der Dinge", München 1947; „Die Wirklichkeit und das Gute", München 1949. Vgl. ferner seine Bücher über Thomas von Aquin und die „Breviere" aus dessen Werken: „Ordnung und Geheimnis" (1946); „Das Auge des Adlers" (1947).

8 „Das Ende der Neuzeit. Ein Versuch zur Orientierung", Basel 1950.

sönlichkeit und Kultur ruht auf der Einsicht, daß wir uns am „Ende der Neuzeit“ davon zu entfernen beginnen. Unserem Gefühl nach zwei Kriegen seien Natur und das Natürliche als „heilig“ und „fromm“, als „Gott-Natur“ – Guardini bezieht sich dabei besonders auf den bekannten Hymnus „Die Natur“ im Tiefurter Journal 1783[9] – nicht mehr zugänglich. Ebenso der „Mensch“ und die von ihm geschaffene „Kultur“, die beide in der Neuzeit, also auch bei Goethe, so Guardini, dem „Heilig-Natürlichen“ verbunden seien, in sich religiösen Charakters, nicht „begreifbar“, geheimnisvoll als Ausdruck des „Weltgeistes“. Was daran bei Goethe dennoch gültig ist, zeigt der von ihm mehrfach zitierte mittelalterliche Ausspruch unbekannter Herkunft: „Individuum est ineffabile“. Man darf in diesem Gedankenzusammenhang auf den „frommen“ Ernst verweisen, mit dem in den „Wanderjahren“ die Forderung der „höheren Cultur“ für die menschliche Existenz erhoben wird, wie auf Goethes Forderung und Preis des „Fromm-seins“, was die Stellung des Menschen im Sein und dem Du gegenüber angeht:

In unsers Busens Reine wogt ein Streben,
Sich einem Höhern, Reinern, Unbekannten
Aus Dankbarkeit freiwillig hinzugeben,
Enträtselnd sich den ewig Ungenannten;
Wir heißen's: fromm sein! – Solcher seligen Höhe
Fühl ich mich teilhaft, wenn ich vor ihr stehe.
(„Marienbader Elegie“ (1823), Vers 79ff)

„Persönlichkeit“ und „Subjekt“ werden hier auch von Goethe als in sich gültig und sinntragend bestimmt, nicht erst als Ausdruck der „Weltfrömmigkeit“. Diese Überlegungen führen bereits über Guardini hinaus, der leider der Auffassung Goethes von der „Person“, der „Persönlichkeit“ nicht weiter nachgegangen ist und von der bei Goethe häufig betonten,

9 „Ende der Neuzeit“, S. 49f, 53, 55, 66ff, 71ff. Vgl. auch: „Welt und Person“ (1939), S. 3ff. Guardini läßt die Verfasserschaft des Natur-Hymnus außer acht, was hier, da in diesem Fragment sicher Goethesche Anschauungen sich bekunden, berechtigt ist. Erstdruck Ausgabe letzter Hand, Band 50, 1833, S. 3–7: „Aphoristisch (Um das Jahr 1780)“; in späteren Ausgaben: „Fragment“, Weimarer Ausgabe II, Band 11, S. 5–9.

seinen Person-Begriff doch wesentlich mitbestimmenden Wesensart des Menschen als „Ebenbild Gottes“ keine Notiz nimmt. Guardinis Sorge galt der nach seiner Meinung in der „Neuzeit“ immer schicksalhafter werdenden Preisgabe der „Person“. Bei Goethe glaubte er, dessen eigentliche Ansicht vom Menschen verkennend, Anzeichen dafür zu finden, vor allem im Faust.[10] Es ist hier nicht möglich, Goethes Auffassung vom Menschen ausführlich darzustellen;[11] es sei nur noch auf den Dialog zwischen Hatem und Suleika im „West-östlichen Divan“ („VIII. Buch Suleika“) über die „Persönlichkeit“ als „höchstes Glück der Erdenkinder“ verwiesen, wo beide Pole der Person – der Selbststand und das Gewinnen seiner selbst in der Hingabe an ein Du – verhandelt werden: eine der großen Bekundungen der alten christlich-abendländischen Überzeugung vom Werden im Entwerden, vom Besitzen im Nicht-besitzen. Eine der Grundhaltungen Goethes heißt „Entsagung“. Es ist nicht zu übersehen, daß Guardini mit der Auslassung dieser für Goethe wesentlichen Einsicht, was Art und Wert der Person angeht, dem Dichter nicht gerecht wird.

Unbefriedigend bleiben auch seine gelegentlichen Äußerungen über den Künstler Goethe. Auch hier bleibt er ihm Wesentliches schuldig. Bei der bereits erwähnten Goethe-Gedenkstunde auf Rothenfels (1924) gibt Guardini eine Interpretation eines Goetheschen Widmungsgedichtes an die Gräfin Christine von Brühl (Karlsbad 12. VIII. 1785): „Auf den Auen wandeln wir ...“ Er sieht in diesem eigentlich unauffälligen, keineswegs ungewöhnlichen Gelegenheitsgedicht eine Besonderheit: „wunderbar verschieden von den übrigen“. Welchen?,

10 Vgl. seine späte unbegreifliche Notiz in „Wahrheit des Denkens und Wahrheit des Tuns“ (1980), S. 132 (11. 1. 64): „Der ganze Faust ist die Preisgabe der ethisch-personalen Existenz an die mythisch-magischen Mächte – auch die letzte ‚erlösende‘ Tat geschieht nicht durch Arbeit und Opfer, sondern durch Magie. So fehlt in allem der eigentliche Ernst.“ Später heißt es sogar: „Falls nicht, malgré le poète, alles Parodie, Kasperltheater ist.“ Vgl. dagegen meine Arbeit: „Theatrum mundi. Anfang und Schluß von Goethes Faust“, in: „Theatrum Mundi. Götter, Gast und Spielleiter im Drama von der Antike bis zur Gegenwart“. Hrsg. von F. Link und G. Niggl, Berlin 1981, S. 199–229.

11 Ich hoffe, dazu eine Untersuchung über „Goethes Menschenbild“ vorlegen zu können.

fragen wir. Kennt er den „Divan“, die Lotte-Gedichte („Warum gabst Du uns die tiefen Blicke“), die „Marienbader Elegie“, und vieles andere sonst, nicht? Es wird schwer sein, zu ergründen, was ihn hier gefesselt hat. Dagegen charakterisiert er Goethes Gedichte sonst (mit welchem Recht?) als „derb, künstlich, klingende Fülle, freies Strömen, klar gemessen, tändelnd, gesellschaftliche Belanglosigkeiten und aufgeklärte Gravität, platt und häßlich und wieder köstliche glaubwürdige Weisheit.“ Ist das Verlegenheit, Ausweichenwollen? Welches beklemmende Gemisch aus Richtigem, Vorurteilen und Ungenauigkeiten. Während er in anderem Zusammenhang zwischen Goethe und uns „eine fein sich betonende Ferne“ wahrzunehmen glaubt, hält er das genannte Gedicht für „zart, preisgegeben, heimatlos“, für schwingend „von einem aus unwissender Hoffnung kommenden Glück“.

Gewiß, dies ist ein zartes, stilles Gedicht: von leisem Abschied und Hoffnung auf Wiederkehr erfüllt. Noch einmal, was mag ihn zu diesem Gedicht gezogen haben? War es die Unbestimmtheit, Undeutlichkeit, das in der Schwebe Bleibende, wie in einem Dunstschleier Verhüllte, das ihn faszinierte und zu so undifferenziertem Urteil verführte? Das in den gängigen Ausgaben unmittelbar davor stehende Huldigungsgedicht an Charlotte von Stein („Gewiß, ich wäre schon so ferne, ferne,/ soweit die Welt nur offen liegt, gegangen ...“), ein von Schicksal zitterndes, an eine verheiratete Geliebte gerichtetes Bekenntnisgedicht, mag ihm (wenn er es damals bemerkt hat) dagegen zu unmittelbar, zu direkt, vielleicht zu indiskret und verfänglich vorgekommen sein.

Guardinis Verhältnis zu Goethe ist im Unentschiedenen geblieben. Bei aller Achtung vor einer weltgeschichtlichen Leistung eine immer wieder durchbrechende, nie ganz ausgetragene (aus welchen Gründen stammende?) Abwehr und Reserve. Es bleibt ein nicht aufzulösendes Dunkel, das wir hinnehmen müssen. Wir begegnen hier wieder – wie auch sonst – einem Geheimnis in dem sonst so offen und eindeutig scheinenden geistigen Gesicht Guardinis (wie oft ist ihm diese angebliche Eindeutigkeit bis heute zum Vorwurf gemacht worden!), das eben doch hinter seiner aus Zucht und Verantwortung geborenen Gegenwärtigkeit Ungesichertes, Angefochtenes verbarg.

Einfacher liegen die Dinge bei Guardinis später Beschäftigung mit Thomas Mann aus Anlaß der Josephs-Romane (1926–1942). Aus einer mündlichen Mitteilung während seiner Krankheit geht hervor, daß er ein Konvolut von Notizen, Stellungnahmen kritischer Art zu den Josephs-Romanen besäße, die auszuarbeiten er keine Zeit mehr habe. Er wolle es mir überlassen als Grundlage einer Würdigung dieses späten Werkes. Ich habe damals das Angebot nicht angenommen. Nach Guardinis Tod, als ich meinen Auseinandersetzungen über „das Deutsche" bei Thomas Mann, über sein Goethe-Bild[12] Betrachtungen über die mit den Josephsromanen gegebenen theologischen Probleme hinzuzufügen wünschte, ergaben meine Nachfragen nach seinen mir zu Lebzeiten angebotenen Vorarbeiten, daß sie im Nachlaß nicht auffindbar seien. Guardinis mündliche Bemerkungen ließen eine bei ihm sonst ungewöhnlich harte Ablehnung erkennen. Sie mag weniger in dem Formprinzip der Ironie begründet sein, als in der – damit allerdings zusammenhängenden – Relativierung der Offenbarungsträger des Alten Testaments zu psychoanalytisch gedeuteten Neurotikern. „Ich lasse mir die Altväter nicht psychoanalysieren." Was sich ergeben hätte, wenn er zu einer Ausarbeitung gekommen wäre, ist damit einigermaßen deutlich zu erkennen.

Der Prozeß des Deutens

Romano Guardini hat über die Methode seines Interpretierens am einläßlichsten in dem Anhang zum „Mörike" (1957) Auskunft gegeben; ferner noch im Vorwort und Nachwort des „Rilke", vor allem der ersten Fassung von 1941. Eine Verteidigung seiner Absicht und seiner Einstellung gegenüber Texten

12 „Thomas Mann, der ‚Deutsche'. Ein Versuch" (1977); jetzt in: „Von der ‚Reichsunmittelbarkeit der Poesie'", Berlin 1979, S. 303–349; „Thomas Manns Goethe-Bild" (1977), ebenda S. 351–375.

wie den „Duineser Elegien“ Rilkes findet sich in einer höchst wichtigen kleinen Abhandlung aus Anlaß von Angriffen aus dem Hörerkreis seiner Elegien-Vorlesung.[13] Einzelnes, auf den engeren Gegenstand bezogen, wird in den Vorworten zu „Augustin“, „Hölderlin“ und „Dostojewskij“ erwähnt. Den inneren Prozeß seiner Auslegungskunst muß man aus den Büchern selbst entnehmen. Es kann hier nur darauf ankommen, einige kennzeichnende Züge, soweit sie in dem vorausgehenden Kapitel vorbereitet sind, näher zu beschreiben.[14]

Da ist zunächst Guardinis Art des *Schauens* zu nennen. Ein Goethescher Zug in ihm ist der „reine“, selbstlose, trotz des Engagements von sich absehende Blick auf den Gegenstand. Er verfolge, so sagte Guardini, keine „Absichten“, wesentlich sei nur die „Sache“ (Stationen 33). Wenn der innere Anstoß, das „Interesse“, den Gegenstand gewählt hat, wird das Schauen von diesem Anlaß getrennt, wird zu einem ganz dem Gegenstand hingegebenen Vorgang. In genauer, intensiver Arbeit wird das der Sache, der Person Eigentümliche herausgehoben: Die Sache hat das Wort. „Entsagung“, „Ehrfurcht“ und Offenheit für die „wesenhafte Ordnung“ sind weitere Ansichten dieses Verhaltens der Welt- und Menschenwirklichkeit gegenüber.

Das verbindet ihn, wie schon angedeutet, mit Goethe, für den „rein“, „Ehrfurcht“ und „Entsagung“ gleich kennzeichnende Züge sind. Das, was dieser in der Auseinandersetzung mit Schiller und dessen anders gearteter, idealistischer, „sentimentalischer“ Weise seinen „realistischen Tic“ nennt, den der Freund mit dem „Naiven“ gleichsetzt; das, was, anders ausgedrückt, das „Klassische“ ist; ein Sehen, das ganz dem Gegenstand verpflichtet ist, so wie er, Goethe, es in Italien vor den großen Zeugen der Vergangenheit ausgebildet hat. In der „Ita-

13 „Nachtrag zu einer Kollegstunde über Rilkes Erste Duineser Elegie“. Frankfurter Hefte III, 4. April 1948, S. 346–351.

14 Siehe dazu meinen früheren Beitrag über „Guardini als Interpreten“ (1976/77), jetzt in: „Von der ‚Reichsunmittelbarkeit der Poesie‘“, Berlin 1979, S. 155ff, besonders S. 161ff.

lienischen Reise“ und den zugrundeliegenden Briefen, vor allem an Charlotte und den Herders, ist immer davon die Rede: „Eine Übung, alle Dinge, wie sie sind, zu sehen und zu lesen, meine Treue, das Auge Licht sein zu lassen, meine völlige Entäußerung von aller Prätention“ (10. XI. 1786 aus Rom). Das gilt in vollem Umfang auch für Guardini. Ob das Gefühl solcher nicht wahr sein sollender Übereinstimmung geheimer Grund seiner Reserve Goethe gegenüber gewesen ist? Der in anderer Hinsicht ihm Suspekte berührt in dieser „Treue“ der Welt gegenüber ein von Guardini als ihm notwendig und eigentümlich Empfundenes: Verpflichtung der Wirklichkeit gegenüber. Das mochte dem Scheuen unangenehm sein.

In der Färbung scheint bei beiden, Goethe und Guardini, auf den ersten Blick insofern ein Unterschied zu sein, als diese Weise des Schauens bei Guardini von seiner Christlichkeit bestimmt ist: „christlicher Realismus“. Das heißt, daß seine Ehrfurcht vor dem Gegebenen in der Tatsache begründet ist, daß diese „Welt“ aus Gottes Freiheit, Liebe und Gnade stammt. In aller Vorsicht sei aber hier bemerkt, daß im Letzten Goethes Realismus, auch wenn er es gelegentlich bestreitet und er sich gerade in Italien als „weltlich“ fühlt und gebärdet, dem gleichen Weltverhältnis entspringt: seiner „Weltfrömmigkeit“.[15] Zusammenfassend darf man sagen, daß bei beiden die Mitte dieser Haltung darin liegt, das Seiende als „wahr“ zu begreifen: *omne ens est verum.* Daher die Möglichkeit, wie bereits erwähnt, Goethe mit Thomas von Aquin in Verbindung zu bringen, wie es auf der Rothenfelser Goethe-Feier geschehen ist.[16]

Da ist weiter, mit dem Vorigen zusammenhängend, Guardinis *Ernstnehmen* des zu interpretierenden Autors. Die genaue Wahrnehmung der Aussage verpflichtet dazu, ihr zu glauben,

15 Siehe oben S. 107f. Dazu *H. Kunisch*, „Von der ‚Reichsunmittelbarkeit der Poesie‘“ (1979), S. 171.
16 Siehe den Bericht in: „In Spiegel und Gleichnis“ (1932), S. 24ff.

so lange keine zwingenden Gründe bestehen, ihre Glaubwürdigkeit anzuzweifeln.[17]

„Ist man verpflichtet, das Wort eines Mannes, der weder dichtet noch lügt, wörtlich zu nehmen, bis bewiesen ist, daß man es nicht könne?" Guardinis Antwort: „Ja". Das war seine Situation vor allem vor dem Sprechen Hölderlins von den „Göttern". Wer sind sie: Einbildungen, Verbildlichungen von humanen Werten und Erfahrungen? Bis dahin hatte man sie als im letzten Sinne unverbindlich und nicht verpflichtend genommen. Die Leistung von Guardinis Hölderlin-Buch besteht – neben vielen einzelnen aufhellenden Interpretationen – darin, Hölderlins Rede von den „Göttern" ernstzunehmen; diese als „Wirklichkeiten", „Mächtigkeiten" zu deuten, die da sind, wirken, sich offenbaren, die „ihre Zeiten" haben und wieder weggehen („so sehr schonen die Himmlischen uns"), deren Rückkehr aber von Hölderlin erhofft wurde, dem ergriffenen „Sänger", dessen Aufgabe es ist, in „frohlockendem Wahnsinn" ihre Wiederkunft und Gegenwart zu verkünden. Solche Einsicht führte zu der uneingeschränkten Annahme und Anerkennung Hölderlins als „Seher", und damit der Möglichkeit seherischer Dichtung.[18]

Mit dem reinen Schauen, dem Ernstnehmen verbunden ist bei Guardini die Fähigkeit der *Unterscheidung*, der *discretio: sapientis est ordinare* (Thomas von Aquin); das heißt, Grenzziehung durch die in der Annahme der Offenbarung beruhende Christlichkeit: *interpretatio christiana*, von der liberalen Kritik notwendigerweise als „Engführung" verdächtigt. Im

17 In der großen Anmerkung (Augustin, S. 280–283) untersucht Guardini die Glaubwürdigkeit von Augustins Bericht, daß eine Kinderstimme ihn aufgefordert habe, die Heilige Schrift zu lesen *(tolle lege,* Conf. VIII 12), der von der Forschung vielfach als rein „innerlicher Vorgang", „bloßes Erleben", als „Stilisierung von Auditionen" gedeutet wird. Nach genauer Prüfung des Gesagten nimmt Guardini die Versicherung Augustins, der das Gehörte als von Gott kommend bezeichnet, als wahr an. Die gehörte Stimme sei „fordernde und helfende Weisung Gottes", keine Vergegenständlichung von „Innerlichem", sondern Erfahrung von „Vorsehung", „Botschaft", „Ruf".

18 Dazu Näheres in meiner Besprechung von Guardinis „Hölderlin" im Anzeiger für deutsches Altertum und deutsche Literatur (1939), jetzt in vollständiger Fassung in: „Kleine Schriften" (1968), S. 463–475.

Voraufgehenden wurden Beispiele solcher „Unterscheidung des Christlichen“ bereits erwähnt. Besonders scharf im Falle Rilkes, aber auch Dostojewskijs, gegenüber dessen Loslösung der Gestalt Christi aus innerweltlicher Berufung, oder seiner, Dostojewskijs, den Unterschied zwischen Gut und Böse nivellierenden Auffassung von Schuld und Sünde.

Solches Bemühen um Genauigkeit und Sauberkeit der Deutung zeigt sich in der fast allen Büchern Guardinis eigenen Darstellungsform. Immer die Frage: „Was ist das?“, „Wie geht das vor sich?“, verbunden mit der Gegenfrage: „Worin unterscheidet sich das von Verwandtem, Naheliegendem, was ist sein Gegensatz?“ – eine subtile Form der Einkreisung eines geistigen Sachverhalts. Dem entspricht genau die sachliche, ruhige, klare Sprache, die weder die Tiefe vereinfachend verdeckt, noch durch Überredung unkenntlich macht. Alles das hat man ihm vorgeworfen. Die Fremdheit des radikal Christlichen in der „Welt“!

Alle bisher erörterten Eigenarten des Interpretations-Prozesses fassen sich zusammen in der Forderung, daß Interpretation getragen sein muß von dem *Verantwortungs*bewußtsein, das eine Grundeigenschaft der Person ist. Sie hat, auch wenn das „Interesse“ des Deutenden notwendig ist – aus keiner Wissenschaft kann sich der sie Betreibende herauslassen –, nichts mit intellektueller Neugier zu tun. „Die Wahrheit erkennt nur, wer innerlich in Bewegung kommt“ (Sokrates 55). Ja, mehr noch, der letzte Sinn des Gegründetseins in geistiger Verantwortung meint, daß die Erkenntnis des Gegenstandes abhängt von den „Lebensentscheidungen des Deutenden“ (Pascal 19). Das trennt alle christliche Interpretation von dem in angeblicher Voraussetzungslosigkeit (die es gar nicht gibt) begründeten, sich allein als wissenschaftlich fühlenden, den letzten Entscheidungen aus dem Weg gehenden, interesselosen Deutungsbetrieb, der sich nur noch der „subjektiven Echtheit des Erlebens und Deutens verpflichtet fühlt“ und dichterische und philosophische Texte nur noch „historisch versteht“ oder „ästhetisch würdigt“ (Rilke, 1953, 21).

Hier ist nun allerdings zu fragen, ob diese von Verantwortung getragene, den Deutenden nicht auslassende, ihn vielmehr in Pflicht nehmende Wissenschaftsübung nicht einen Widerruf des „reinen" Schauens, der nur die „Sache" gelten lassenden „Freiheit von aller Prätention" darstellt. Nein! Was gemeint ist und gefordert wird, ist, daß der Interpret zeigen muß, woher und aus welchen Voraussetzungen er sein schweres Geschäft betreibt; nicht aber, daß er etwas für sich will und den Gegenstand seinen Überzeugungen unterwirft. Der Gegenstand bleibt er selber; aber er hat sich als der, der er ist, auszuweisen vor einer Instanz, die die *Wahrheit* ist.

Das hängt damit zusammen, daß „ein jedes Werk nicht nur Ausdruck, sondern auch Aussage" ist. „Jede Aussage steht aber vom Wesen her unter dem Maßstab der Wahrheit. Also nicht nur der Forderung, ehrlich und echt zu sein, sondern das Wesen des Seienden so zu fassen, wie es in sich ist" (Rilke 22). Und weiter: „So ist es notwendig, sich wieder auf die elementare Tatsache zu erinnern, daß das menschliche Wort nicht nur Ausdruck der Subjektivität, sondern auch, nein zuerst, Aussage über Objektivität ist" (23).

Daraus leitet Guardini nicht nur das Recht, sondern auch die Pflicht ab, die dichterische und philosophische Aussage nach ihrem Wahrheitsgehalt zu fragen; das heißt danach, ob die vorgetragenen Gedanken (denn auch das Gedicht ist „Gedanke") der „Wahrheit der Dinge" entsprechen, der „Wesenheit" der Dinge (so Goethe und in seinem Gefolge Stifter), dem, „was die Dinge für sich fordern".

Was eine solche Auffassung einer Interpretation, die nach der Wahrheit der Aussage fragt, für Folgen haben kann, das soll noch an Guardinis Deutung von Rilkes Verhältnis zum Ganzen des Daseins gezeigt werden; wobei hinzugefügt werden muß, daß sein Verhalten der Spätdichtung Rilkes – „Duineser Elegien" und „Sonette an Orpheus" – gegenüber seine besondere Eindringlichkeit und Schärfe bekommt als Entgegnung auf die Forderung Rilkes, daß das in diesen Dichtungen Gesagte der Art sei, daß „das Dunkel" in ihnen nicht „Aufklärung“, sondern „Unterwerfung“ verlange. Guardini sagt mit Recht, das sei der „Anspruch des Propheten“, der „Organ“ ist und weitergibt, was der göttliche Auftrag oder Ruf durch ihn spricht, so daß seinem Wort gegenüber „Unterwerfung“ die angemessene Haltung sei. Man sollte diesen unerhörten (im eigentlichen Sinne des Wortes) Anspruch eines Dichters nicht außer acht lassen, wenn man Guardinis Folgerungen daraus bedenkt. Im einzelnen richten sich seine Einwände und Richtigstellungen, wie oben angedeutet, gegen Rilkes Leugnung der *Person*, seine Deutung des Daseins als Einheit von Tod und Leben, Zeit und Ewigkeit, Hier und Dort im „Weltinnenraum“, in dem es kein „Gegenüber“, weder Gottes noch der Menschen, gibt; und damit verbunden der Umdeutung der Liebe als nicht auf ein personales Du bezogen, sondern als „Richtung des Herzens“, in welcher Bewegung des Gefühls das „Gegenüber“ verschwindet, der Gegenstand der Liebe wesenlos wird. Es gibt bei Rilke keinen „Dialog“ von Mensch zu Mensch und Mensch zu Gott, wogegen die christliche Person gerade im „Dialog“ sich vollzieht. Bei Rilke entzieht sich die Liebe dem „Gegenüber“ und weicht dem „Schicksal“ aus, was zu dem Preis der „Liebenden“ vor den „Geliebten“ führt. „Mein Schicksal ist, kein Schicksal zu haben“.[19]

Es muß abschließend noch einmal gesagt werden, daß es sich bei Guardinis die Phänomene klar unterscheidender Rilke-Interpretation nicht um eine rigorose Unterjochung des Gegenstandes handelt. Aus der Sorge um den Menschen, die der Grund aller seiner Bemühungen ist, unterwirft er sich hier wie sonst der größeren Wirklichkeit, der er sich anheimgegeben weiß, derjenigen Gottes.

Guardinis *interpretatio christiana* ist getragen von äußerster *Vorsicht;* dies gerade da, wo er der Atmosphäre dichterischer Verkündigung – Dostojewskij, Rilke – kritisch und Abstand

19 Vgl. dazu Guardinis Bestimmung der „Person“ in: „Welt und Person. Versuche zur christlichen Lehre vom Menschen“ (1939), an verschiedenen Stellen, bes. den zweiten Abschnitt: „Die Person“, S. 121 ff. Vgl. weiter meine an Guardini anknüpfende Rilke-Deutung: „R. M. Rilke. Dasein und Dichtung“, Berlin 1975, besonders den Abschnitt VI: „Dasein und Dichtung“, S. 412 ff.

nehmend gegenübersteht. Die häufige Benennung seiner Arbeiten als „Versuche" belegen das ebenso wie die Einschränkung seiner Einsichten mit der Bemerkung „vielleicht": „Ich möchte nicht mehr sagen als vielleicht, denn Dinge wie diese legen Verantwortung auf." Er wußte um das Vorläufige auch der mit äußerstem Willen zur Wahrheit und Verantwortung geleisteten Erkenntnis. Er wußte – wie Goethe – um das Unzulängliche alles Menschlichen. *Individuum est ineffabile.* Es mag erlaubt sein, eine Gesprächsäußerung anzuführen, aus der das Wissen um das Begrenzte alles, auch des ernstesten Mühens um Erkenntnis vernehmbar ist: „Ich weiß viel vom Menschen, aber ich kenne die Menschen nicht."

Diesen nur scheinbar Sicheren – es war schon davon die Rede – überkam immer wieder die Furcht vor dem eigenen Tun. Selbstsicherheit oder gar Anmaßung war seinem vornehmen, irenischen Charakter fremd. Die Erinnerung bewahrt eine vor wenigen Hörern in einer Privatkapelle gehaltene Osterpredigt Guardinis, die zu einer Karfreitagspredigt wurde von Kreuz und Sterben. Guardini war auch als Christ ein Angefochtener, der letzte Grund seiner Schwermut.

Den Schluß unserer, tiefer Verehrung und Dankbarkeit verpflichteten, Betrachtung mögen einige „vorsichtige" Andeutungen zur Persönlichkeit Guardinis bilden, anknüpfend an die vorangehenden Bemerkungen zur „Vorsicht" seines Fragens und Antwortens. Unbestritten bleibt die klassische Größe dieser Gestalt und ihres Werkes, der alles Genialische fremd war. Sie hatte ihren Ursprung in einer großen Liebesfähigkeit, Lauterkeit der Gesinnung, unbeirrter Ehrfurcht vor dem Geheimnis des Daseins und einer verschwiegenen Stille seiner Hinwendung zum anderen Menschen. Solchem Ernst, der sich mit Redlichkeit und Reife paart, entspricht die Durchsichtigkeit, nachsommerliche Helle und anrührende Verhaltenheit seiner Äußerungen in Rede und Schrift.

Man darf es ein *Frommsein* nennen, mit dem Guardini das Wirkliche, trotz alles Bedenklichen und gegen allen Anschein, als wahr, gut und schön aufnahm, wie es die Offenbarung verbürgt. Frommsein in dem alten, echten Sinn des unsentimentalen, reinen, sachlichen Verhältnisses zu allem Gegebenen, das nichts unterschlägt, weil es den Sachen und ihrer Wahrheit verpflichtet ist. Das Organ solcher Weltzuwendung war bei ihm das *Herz*. Aus solchem Herzen, das fromm, das heißt wirklichkeitsergeben ist, erwuchs ihm die Kraft des Bewahrens und Heilens, die das deutende und klärende Schauen übersteigt. Daß es die „heile Welt" nicht gibt, da der Mensch, dem sie überantwortet wurde, sie fragwürdig und „unheil" gemacht hat; daß es sie aber geben sollte nach der Absicht Gottes, daraus ergab sich Antrieb und Inhalt seines Wirkens.

Ein Gefühl der Dankbarkeit überkommt uns, wenn wir uns erinnern, daß in den Jahren des Unheils Guardini, damals noch in Berlin, in seinen Predigten in St. Benedikt am Lietzensee und zu St. Gertrauden Vertrauen und Trost vermittelte und die Kraft bestärkte, nicht nur das Geschehen in seinem Unsinn zu erkennen, sondern das Schwere zu bestehen. Es ist wenig bekannt, bis in welche praktischen Dinge hinein seine Sorge anregend war, auch wenn er die Ausführung seinen Freunden anvertraute. So entstanden, von ihm entworfen und in Gang gesetzt, die Festbriefe zu Weihnachten (1939) und Ostern (1940), die den Familien den Sinn der Feste und die Weise ihres Begehens aufschließen sollten. Es war sein Einfall, den dem ungeheueren Geschehen Ausgesetzten, darunter den Soldaten im Felde, Stoff zum Nachdenken, zum Meditieren bereitzustellen. So entstanden die kleinen, 16 Seiten umfassenden Hefte der „Christlichen Besinnung", die in einen Feldpostbrief paßten. Ihr Redaktor war Guardinis Freund und Helfer Ludwig A. Winterswyl, den hier zu nennen mir unerläßlich scheint.[20]

20 Winterswyl hat gegen Ende des Krieges – als Guardini aus seinem Amt entlassen, die Arbeit der Burg verboten, der Burgverlag aufgehoben wurde – die christliche Aufklärungsarbeit in dem Widerstandsverlag „Alsatia" in Colmar fortgesetzt. Auch dahinter stand Guardinis stilles Gegenwärtigsein. In Colmar konnte noch erscheinen, was im „Reich" unmöglich geworden war: das Neue Testament, Guardini, Reinhold Schneider, Bergengruen, Winterswyl, Gebsattel und andere Autoren des Guardinischen Freundeskreises. Auf einer der Fahrten von seiner Arbeitsstätte in Colmar zurück

Dankbar berührt es uns heute auch, wenn wir uns weiter erinnern, daß Romano Guardini in den unsicheren Jahren nach dem Krieg unter uns war, aus der gesammelten Kraft seines reifen Menschentums wirkend, an der Universität und im Kreise der Freunde die undurchsichtige Schwere des Daseins durch Vorbild und Weisung erhellend. Es will uns dünken, daß in dem Vorhandensein dieses Mannes, als ihm im Geiste Verwandte und Ebenbürtige – genannt seien Joseph Bernhart, Theodor Haecker, Johannes Pinsk – nicht mehr tätig waren, eine Gewähr gegeben war für einen „dennoch", („wie es auch sei"; „es sei, wie es wolle"), trotz aller Zweifel, auch bei ihm selbst, vorhandenen, guten und verläßlichen Sinn des Lebens und der Geschichte, von der er wußte, daß sie trotz aller Entstellung durch den Menschen im uns verborgenen Letzten *Heils*-Geschichte sei.

nach Freiburg, wohin er seinen Wohnsitz von Berlin verlegt hatte, ist Winterswyl tödlich verunglückt.

Joseph Cardinal Ratzinger

Von der Liturgie zur Christologie

Romano Guardinis theologischer Grundansatz und seine Aussagekraft

Geburtstagsreden sind gefährlich. Sie können leicht zu einem Abgesang werden, hinter dessen Lobesworten sich oft kaum verhüllt der Abschied vom unwiderruflich Vergangenen vollzieht. Was tun wir also, wenn wir Romano Guardinis 100. Geburtstag feiern? Ist das nur die Nostalgie derer, denen die Begegnung mit Guardini zum prägenden geistigen Erlebnis wurde und die gerne das ihnen Kostbare auch der jungen Generation von heute mitteilen möchten, dabei aber vergessen, daß eine neue Zeit neue Wegweiser braucht? Oder ist Romano Guardini auch eine gegenwärtige Stimme, die wir nur wieder hörbar machen müssen? Aber vielleicht ist die Alternative gar nicht so ausschließlich, wie sie sich dem ersten Zusehen darbietet. Denn wenn jemand nicht nur Bücher geschrieben hat, sondern einmal eine ganze Generation lebendig zu prägen vermochte, dann ist dies an sich schon etwas, was ins Bleibende hineinreicht. Und umgekehrt kann jemand nicht bloß durch Geschriebenes weiterwirken, sondern immer nur durch lebendige Vermittler, die in einem vergangenen Wort das Gegenwärtige entdecken, es neu zu sehen und neu zu leben vermögen. Jedes Menschenwort steht in seiner Zeit und trägt die Begrenzungen einer Zeit in sich. Die Frage ist, ob hinter solchen Worten Erfahrung und Erleiden des Menschseins, der Wirklichkeit selber stehen, die an den Kern unseres Wesens rühren und darum wieder neue Erfahrung und neues Verstehen wecken können. Was an einem Autor zählt, ist nicht das sogenannte Überzeitliche. Der vermeintlich überzeitliche Extrakt, den manche Interpreten z. B. aus Philosophen oder Theologen der Vergangenheit herausdestillieren und ihren Lesern als das Bleibende anbieten, ist für mich immer das

Allerlangweiligste gewesen, weil da nur das Banale und Nichtssagende übrigblieb. Je kräftiger ein Mensch sich seiner Zeit stellt, in ihr den Anspruch des Menschseins besteht, desto gültiger bleibt seine Botschaft, auch wenn sie nur in der Weise der Begegnung mit dem erfahren werden kann, was zunächst für mich das andere oder der andere ist. Nur wenn wir uns vom wirklich anderen anrühren lassen, kommen wir zu uns selbst. Die Zeit, in der Guardini einfach einer von uns war und mit der Stimme unmittelbarer Gegenwart zu uns sprach, versinkt unweigerlich. Die Frage ist, ob die Andersheit, in die hinein er zunächst weggeht, Kraft der Begegnung in sich trägt, die uns neu vor uns und zu uns selber bringen kann.

1. *Der liturgische Aufbruch und sein geschichtsphilosophischer Ort*

Sehen wir zu und scheuen wir uns nicht, die Andersheit, wo sie sich findet, beherzt anzufassen. Denn sie ist ohne Zweifel da. In den frühen liturgischen Schriften Guardinis berührt uns nicht nur das sprachliche Pathos, die Romantik zu neuen Ufern aufbrechender Jugend, fremd. Das eigentlich Fremde, ja Befremdliche, liegt in dem Geschichtsbewußtsein, aus dem sich dieses Pathos nährt. „Die ‚Neuzeit' ist vorbei – wir hoffen, sie ist's!", lautet einer der kennzeichnenden Sätze aus der „Liturgischen Bildung"[1], worin jener Grundton von Hoffnung und Zuversicht einer neuen Epoche nach langen Verirrungen aufklingt, auf den das ganze Buch gestimmt ist. Was jetzt beginnt, erscheint wie das Zerbrechen eines langen Wahns; nun liegt endlich wieder das Land der Zukunft offen und frei da, in das eine neue Jugend vorstößt, um eine bessere Welt zu bauen. Man kann verstehen, daß gerade diese Zuversicht einer morgendlichen Stunde, das Gefühl des Ausbruchs aus alten Verkehrungen junge Menschen begeistern konnte und der

1 *R. Guardini*, Liturgische Bildung. Versuche, Rothenfels 1923, 26.

Stimme dessen Gehör gab, der so sprach. „Die ‚Neuzeit‘ ist vorbei – wir hoffen, sie ist's!“ – für Guardini war „das Ende der Neuzeit“ nicht irgendeine theoretische geschichtsphilosophische Idee, sondern Existenzerfahrung, Aufbruch aus dem Dämmer seines eigenen morgendlichen Beginns, im Miteinander mit jungen Menschen, die ihn verstanden und deren Verstehen ihm das Innewerden seines eigenen Rufs und seiner besonderen Sendung schenkte. Neuzeit war für Guardini das Auseinanderfallen des Menschen, der Welt überhaupt, in eine bloße Geistigkeit, die damit „verlogen“ wird, und in bloße Stofflichkeit, die nur noch Instrument menschlicher Zielsetzungen ist. Die Neuzeit erstrebte seiner Meinung nach reines Geisttum, „und es geschah eine der furchtbarsten Verwechslungen, die je den Abfall von wesenhafter Haltung gerächt haben: Man wollte das Rein-Geistige und geriet ins Abstrakte“[2]. Jetzt aber, so meint er, sehen wir mit Grauen, wie ganz und gar ungeistig diese Welt war, „wie furchtbar tot: nämlich die Welt der Begriffe, der Formeln, der Apparate, der Mechanismen und Organisationen“[3]. Das Weggehen von solch verlogener Geistigkeit bedeutet zugleich: „Weg von der vertierten Stofflichkeit des gleichen Jahrhunderts, dem es eine so widernatürliche Freude machte, vom Tier abzustammen!“[4] Die Abwendung von der Neuzeit verbindet sich beim jungen Guardini mit einer neuen, fast schwärmerischen Begeisterung für das Mittelalter, wie es ihn aus P. L. Landbergs Buch „Das Mittelalter und wir“ (Bonn 1923) anblickte, das für ihn offensichtlich zu einer Art von Schlüssellektüre geworden war.[5]

2 Ebd. 23.

3 Ebd. 24.

4 Ebd. 26f.

5 Vgl. den Hinweis in Guardinis Antrittsvorlesung „Anselm von Canterbury und das Wesen der Theologie“, in: Auf dem Wege. Versuche, Mainz 1923, wo Guardini – wie mehrfach in Schriften derselben Zeit – Landsbergs Buch anführt und die Bemerkung anfügt: „Es ist in den letzten Jahren nicht viel erschienen, das ich dieser Schrift an die Seite setzen möchte“ (S. 45, Anm. 1). Über Guardinis Verhältnis zu Landsberg siehe *H.-B. Gerl*, Romano Guardini, 1885–1968. Leben und Werk, Mainz 1985, 130f und 142. Dabei hat sich Guardini durchaus gemüht, nicht einer Romantik des Mittelalterlichen zu verfallen, vgl. z. B. Liturgische Bildung, S. 52, Anm. 2: „Wenn hier das Mittelalter hervorgehoben und gezeigt wird, worin es der Neuzeit überlegen war, so ist das keine Romantik. Weder meine ich, die Neuzeit sei schlecht . . .; noch verlange ich von unserer

Guardinis liturgische Idee steht zunächst ganz in diesem Kontext: Wiederentdeckung der Liturgie ist Wiederentdekkung der Einheit von Geist und Leib in der Ganzheit des einen Menschen, denn liturgisches Verhalten ist leib-geistiges Verhalten, Wegkommen von einer ins bloß Geistige und Seelische hinein verengten Frömmigkeit zu einem Beten, das im leiblichen und im gemeindlichen Tun Einheit aller Wirklichkeit ist. Liturgisches Verhalten ist demgemäß näherhin symbolisches Verhalten, das die Welt und das eigene Sein als Symbol zu fassen vermag, weil das Symbol der eigentliche Inbegriff der Einheit des Geistigen und Materiellen, das Geistigsein der Materie und das Materiesein des Geistigen ist. Symbol geht verloren, wo beides auseinanderfällt, womit auch Liturgiefähigkeit endet, weil die Welt in Geist und Körper, in Subjekt und Objekt dualistisch zerspalten wird. Wenn aber der eigentliche Selbstvollzug des Christlichen das Liturgische ist, wenn seine Weise des Verstehens der Wirklichkeit sich zentral im Symbol darstellt, dann steht im Ringen um Symbol und Liturgie das Wesentlich-Werden des Menschen – ein Lieblingswort von Guardini – auf dem Spiel.[6] Daraus folgt, daß die Frage der Überwindung der Neuzeit die Herzmitte seines Denkens, nein, seiner ganzen persönlichen Existenz als Mensch und als Christ anrührte. Das Ganze kehrt – ohne Veränderung der Grundorientierung, aber doch in eine neue Vision hinein weitergeführt – noch einmal zurück in einer seiner letzten Äußerungen zur liturgischen Frage, in dem Brief, den Guardini 1964 an einen Teilnehmer des dritten liturgischen Kongresses in Mainz gerichtet hat. Dort steht die berühmte Frage, die inmitten der Euphorie der Liturgiereform des Zweiten Vatikanischen Konzils ganz hart den Kern des eigentlichen Bemühens und seine letzte menschliche Tiefe aufdeckte: „Ist vielleicht der liturgische Akt und mit ihm überhaupt das, was ‚Liturgie' heißt, so

Zeit, sie solle das Mittelalter nachahmen ... Jede Zeit hat ihre Sendung ... Jede Zeit soll und kann katholisch sein ... Ich glaube, Ranke hat das gesagt: Nicht Nachahmung, sondern Selbstbesinnung und Selbstfindung."

6 Vgl. Liturgische Bildung 22ff; Vom Geist der Liturgie, Neuausgabe Freiburg 1983, 73–85.

sehr historisch gebunden – antik oder mittelalterlich –, daß man sie der Ehrlichkeit wegen ganz aufgeben müßte?"[7] Man hat damals aus der Frage Guardinis eine Umfrage gemacht,[8] aber genau das hatte er nicht gemeint. Es war für ihn nicht eine Frage nach neuen Taktiken, vielleicht weil eine eben erst ausgearbeitete und endgültig angenommene Taktik bereits im Ansatz wieder stumpf zu werden schien. Was er meinte, war eine an den Grund reichende Frage über den Menschen und seine Möglichkeit des Glaubens, in der etwas von dem Dunkel der Frage Jesu aufklingt: „Aber wird denn der Menschensohn, wenn er kommt, überhaupt den Glauben auf der Erde vorfinden?" (Lk 18, 8). Guardini war das optimistische Pathos der frühen Stunde zerronnen; daß der Mensch Geist in Leib, Leib in Geist ist und daß daher Liturgie und Symbol ihn zum Wesentlichen seiner selbst bringen – das war ihm nicht zweifelhaft geworden. Er fragte sich vielmehr, wie radikal die Entfremdung des Menschen in der Geschichte eines Tages werden könne. Auch die These vom Ende der Neuzeit hat Guardini nicht zurückgenommen, wohl aber hat ihm die Nachneuzeit sehr früh ein völlig anderes Gesicht gezeigt, als er es in der ersten Stunde des Aufbruchs glaubte wahrnehmen zu können. Wenn die frühen Reden Guardinis noch ganz von der Zuversicht eines neuen Beginns, einer Wende der Zeiten, gezeichnet sind, so bringt ihm schon das gleiche Jahr 1923, in dem die „Liturgische Bildung" noch einmal den hohen Optimismus des Anfangs aufscheinen läßt, ein Erlebnis ganz anderer Art: Die Briefe vom Comer See spiegeln den Schock, den Guardini beim Einbruch der technischen Zivilisation in die Landschaft

7 Liturgie und liturgische Bildung, Würzburg 1966, 16. Sachlich die ganz gleiche Frage – nur genereller formuliert – findet sich schon in: Religion und Offenbarung, Würzburg 1958, 105: „Das Bild der Welt verliert fortschreitend die religiöse Dimension; es wird profaner ... Dadurch verliert das religiöse Verhalten an Selbstverständlichkeit. Es wird immer mehr zur Aufgabe ..., deren Anforderungen beständig wachsen. Daraus entsteht die Frage, ob der Vorgang sich so weit fortsetzen könne, daß das religiöse Verhalten überhaupt verschwindet oder doch sich auf Restformen zurückzieht. Denkt man sich etwa die Bestrebungen in atheistisch-totalitären Ländern durch längere Zeit und immer zielbewußtere Methoden fortgeführt, so kann die Frage sehr bedrängend werden."

8 Vgl. die Hinweise der Herausgeber (J. Messerschmid und H. Waltmann) in: Liturgie und liturgische Bildung 17f, Anm. 1.

des Südens und ihre große urbane Kultur empfand. Von da an wird das Bild schwermütiger, werden die Diagnosen strenger, wenn auch jene Hoffnung festgehalten wird, die fast spürbar unter Schmerzen in den klassisch gewordenen Sätzen aus dem „Ende der Neuzeit" formuliert ist: „Die religiöse Fülle hilft glauben; sie kann aber auch den Inhalt des Glaubens verschleiern und verweltlichen. Nimmt sie ab, dann wird der Glaube karger, dafür aber reiner und kräftiger, ... in Entscheidung, Treue und Überwindung."[9] Freilich ist Guardini diese Hoffnung immer schwerer geworden; die Bedrohung des religiösen Aktes in der sekundären Welt des Selbstgemachten hat ihn immer tiefer berührt. Etwas von der Schwere der späten

9 Das Ende der Neuzeit, Basel 1950, 129. Eine erste Andeutung einer kritischen Sicht kann man vielleicht schon in der „Liturgischen Bildung" (Frühjahr 1923) finden. Zwar herrscht grundlegend das Pathos der Zuversicht; vgl. außer den eingangs genannten Stellen besonders S. 42: „Eine Wende aber hat bereits angehoben." S. 70: „Aber wir fühlen, auch hier hat die Wende eingesetzt." Guardini bleibt damit auf der Linie der 1916–1921 entstandenen Arbeiten, die er gleichfalls 1923 gesammelt in dem kleinen Band „Auf dem Wege. Versuche" vorlegte. In „Liturgische Bildung" findet sich immerhin auch diese Bemerkung: „Unsere Zeit schreitet aus einem individualistischen Gestern in ein vielleicht kommunistisches Morgen. Beides wirklicher Gemeinschaft fern" (78). Aber dies bleibt doch eine theoretische Erwägung. Der eigentlich tief in die Seele dringende Kulturschock ereignet sich 1923 am Comer See: „Droben im Norden sind wir's gewohnt. Wir wissen nicht anders, als daß unsere Umwelt verwüstet ist... Hier aber war es anders! Hier lebte noch menschennahe Form. Und nun sah ich die Zerstörung einbrechen. Da habe ich empfunden, was mir droben, in langer Gewöhnung, gar nicht mehr bewußt war: Die Welt der natürlichen Menschlichkeit... geht unter! Was das für eine Trauer ist, kann ich Dir nicht sagen" (Briefe vom Comer See, 1927, S. 13). Der letzte Brief versucht diese Analyse, die *H. U. von Balthasar* „herzzerreißend" nennt (Romano Guardini, München 1970, S. 12), ins Positive zu wenden: „Unser Platz ist im Werdenden. Wir sollen uns hineinstellen, jeder an seinem Ort. Nicht uns gegen das Neue stemmen und eine schöne Welt zu bewahren suchen, die untergehen muß... Wir haben das Werden umzuformen. Das aber können wir nur, wenn wir ehrlich unser Ja dazu sprechen... Unsere Zeit ist uns gegeben als Boden, auf dem wir stehen, und als Aufgabe, die wir bewältigen sollen. Und im Tiefsten wollen wir sie auch gar nicht anders..." (S. 93). Diese Spannung zwischen der Trauer des Verlierens und der Zuversicht des Verwandelns ist dann Guardinis Position geblieben, die er im „Ende der Neuzeit" klassisch ausformuliert hat. Die (mit Recht umstrittene) Formel vom Ende der Neuzeit wurzelt aber klarerweise in den Erwägungen der „Liturgischen Bildung", wo sie indes einen anderen, ganz positiven Sinn und auch eine innere Logik hatte, die mit der Wende zur kulturkritischen Sicht verlorenging. Eine geraffte Darstellung der Zeitanalyse Guardinis bietet *H. U. von Balthasar*, a. a. O. 11–21; vgl. auch *H.-B. Gerl*, a. a. O. 338–342, und besonders die eindringliche Arbeit von *J. H. Schmucker-von Koch*, Autonomie und Transzendenz, Mainz 1985, sowie die Hinweise bei *E. Biser*, Romano Guardini: Wegweiser in eine neue Epoche, in: W. Seidel (Hrsg.), Christliche Weltanschauung. Wiederbegegnung mit Romano Guardini, Würzburg 1985, 210–240.

Stunde liegt trotz aller Freude über die mit aus seiner Arbeit hervorgewachsene liturgische Reform des Konzils über dem Brief von 1964. Eine Aufforderung zu neuen und kühneren liturgischen Experimenten, die zur Zerstörung des ursprünglich Gemeinten: der Objektivität, der Positivität, des geschichtlichen Reichtums und der Kirchlichkeit der Liturgie führen würden, war das Ziel seines Fragens ganz sicher nicht. Ihm geht es im Gegenteil um eine Rückführung auf das Eigentliche, das „Wesentliche“: Guardini fordert die in Mainz versammelten Liturgiker auf, die Fremdheit derer ernstzunehmen, die Liturgie nicht mehr für vollziehbar halten, und zu überlegen, „wie man – wenn Liturgie wesentlich ist – ihnen nahekommen könne“.[10] Daß er selbst keinen Augenblick an ihrer Unverzichtbarkeit zweifelte und daß daher mit aller Entschiedenheit *diese* Frage zu stellen sei, hatte der Brief gerade durch das Zurücknehmen des sprachlichen Ausdrucks unterstreichen wollen. Man kann nachträglich nur bedauern, daß man die groß gestellte Frage ins Banale einer Umfrage absinken ließ, anstatt sie zum inneren Leitfaden des Reformbemühens zu machen.

Damit haben wir nun allerdings vorgegriffen, weil sichtbar wurde, was von dem Pathos der 20er Jahre Guardini selbst abstreifen konnte und wo dieses höchst zeitbedingte Pathos doch ganz unmittelbar an den Nerv christlicher und menschlicher Existenz überhaupt rührt. Aber vielleicht ist es, bevor wir weitergehen, doch nützlich, noch einmal kurz zu verdeutlichen, wie weit jenes Pathos zunächst tatsächlich vom heutigen Geschichtsbewußtsein entfernt ist. Zufällig mußte ich, gerade als ich anfing, mich neu auf die Lektüre Guardinis einzulassen, auch einen größeren Beitrag in dem eben erschienenen „Nuovo dizionario di liturgia“ (Rom 1984) durcharbeiten, wo ich die genau gegenteiligen Wertungen fand: Die Liturgie sei gewiß auch durch den Säkularisierungsdruck von außen bedroht, aber vor allem durch die in der Kirche bestehende Form christ-

10 Liturgie und liturgische Bildung 17.

licher Erfahrung, die sich im Mittelalter fixiert habe. Trotz der Anstrengungen des Zweiten Vatikanums falle es ihr schwer, sich davon zu lösen und sich einer Veränderung zu öffnen.[11] Der Autor greift dann sogar noch weiter zurück und meint, daß schon im 4. Jahrhundert eine Sabbatisierung des Sonntags eingesetzt habe, die seiner Meinung nach durch eine naturalistische Kultidee, durch Legalismus und Individualismus geprägt ist. Diese heute noch spürbaren Einstellungen setzen sich nach ihm jedem Erneuerungsbemühen entgegen, dessen Richtung man aus solchen Andeutungen einigermaßen erraten kann.[12] Hier ist das Mittelalter wieder finster und die Neuzeit wieder zur eigentlichen Helle geworden, die allerdings in die Kirche nur schwer einzudringen vermag.

2. *Der theologische Grundentscheid*

Lassen wir die Frage auf sich beruhen, wer hier in seinen geschichtlichen Urteilen recht hat oder wie sich die Anteile an Irrtum und Erkenntnis verhalten. Sie zu erörtern, würde uns zu weit von unserem Thema abführen. Versuchen wir, um der Sache selbst auf den Grund zu kommen, zunächst noch tiefer in die Struktur der theologischen und geistigen Grundentscheidungen Guardinis einzudringen. Was hat es mit diesem Überschreiten der Neuzeit näherhin auf sich, wohin zielt es und wie begründet es sich? Ich versuche, dies zunächst an zwei Szenen aus den autobiographischen Aufzeichnungen zu verdeutlichen, mit denen uns eine geistesgeschichtliche Quelle von hohem Rang zugänglich geworden ist. Guardini hatte im Herbst 1906 sein in Freiburg begonnenes Theologiestudium in Tübingen weitergeführt; er geriet dabei mitten in das Drama der modernistischen Krise hinein. Am 3. Juli 1907 veröffentlichte das Heilige Offizium das Dekret „Lamentabili", das die Irrtümer der Modernisten verurteilte. Am 8. September desselben Jah-

11 *L. Brandolini*, Domenica, a. a. O. 378–395, Zitat 380a.
12 Ebd. 385f.

res erschien die Enzyklika „Pascendi dominici gregis“, die die Verurteilungen systematisch begründete und eine Art von modernistischem Systemzusammenhang darzustellen versuchte, der hinter den vereinzelten Thesen gesehen wurde, um die der Streit jener Tage unmittelbar ging. Beide Texte wirkten wie eine Kampfansage gegen alles, was modern und zukunftsweisend schien in der Theologie. Niemand, der in dieser Stunde als Lehrender oder Lernender in Deutschland mit Theologie zu tun hatte, konnte von dieser Herausforderung unberührt bleiben. Nun war zwar die Tübinger Fakultät damals keineswegs so glanzvoll und vorwärtsdrängend, wie man es sich heute vielleicht vorstellen würde. Aber seit 1905 saß mit Wilhelm Koch ein noch ganz junger, aber bemerkenswerter Mann auf dem Lehrstuhl für Dogmatik, den Guardini mit wenigen Strichen sprechend charakterisiert. Max Seckler hat die Vorgänge um Wilhelm Koch in einer sorgsam abwägenden Schrift im einzelnen dargestellt.[13] Es ist nun um so bewegender, das Damalige mit den Augen jemandes anschauen zu können, der selbst dabei gewesen ist und darin die Grundentscheidungen seines eigenen Weges finden mußte. Guardini faßt sein Urteil über Koch so zusammen: „Seine beste Kraft waren Ehrlichkeit und Gewissenhaftigkeit. Er war kein großer Theologe, dazu fehlte ihm der Blick ins Wesentliche und die Kraft der Synthese; aber die Wahrheit war ihm in einer Weise ernst, daß man fühlte, sie wurde bei ihm zum Charakter.“[14] Aus den Aufzeichnungen sieht man, wie viel dieser Mann für Guardini bedeutet hat: Ihm verdankte er die Befreiung von der Skrupulosität, die ihn von Kindheit an begleitet hatte und immer mehr ins Unerträgliche zu wachsen drohte. Es ist erregend, in der knappen Rückschau Guardinis zu sehen, wie hier mitten auf dem Höhepunkt der Krise eine junge Generation ihren Weg sucht und sich dabei weder von äußerer Autoritätsgläubigkeit drängen noch umgekehrt von menschlichen Loyalitätszwängen hindern

13 *M. Seckler*, Theologie vor Gericht. Der Fall Wilhelm Koch – Ein Bericht, Tübingen 1972.

14 *R. Guardini*, Berichte über mein Leben, Düsseldorf 1984, 83.

läßt, sondern aus einer neuen inneren Berührung mit dem Christlichen selbst ihre Entscheide findet. Guardini hat Koch (der erst 1955 gestorben ist) lebenslange Dankbarkeit bewahrt und sie 1935 mit der Widmung seines Pascal-Buches an den damaligen Lehrer auch öffentlich abgestattet, als Koch längst seine Stelle an der Universität verloren hatte. Aber von seinem Denken hat er sich doch schon als Student getrennt. Nicht als ob Koch eigentlich Häretisches gelehrt hätte oder Modernist in der strengen Bedeutung des Wortes gewesen wäre. Aber der Grundansatz seines Denkens war für Guardini ungenügend. Denn wenn man so sehr nur von den historischen Dokumenten und nur mit historisch-positiver Methode arbeitete, wie Koch es tat, dann wurde Festhalten am Dogma, wie Koch es zweifellos auch wollte, zur mühsamen Quälerei. Es war dann eigentlich nur noch eine Einschränkung des Denkens, eine treulich ertragene Fessel, aber keine Quelle, nichts, was befruchtet und öffnet. So hat Guardini zwar Kochs Denken „wie reine Luft und klaren Raum" zu schätzen gewußt, aber ebenso deutlich empfunden, daß es „für sich allein . . . einfach zu wenig" war.[15] Er nimmt den Impuls der Redlichkeit, der Offenheit und der Genauigkeit als bleibende Gabe mit, die ihn vor jedem Fanatismus und vor äußerer Autoritätsgebundenheit schützen wird, aber er sucht nach einer neuen Grundlage.

Genauer gesagt: Er hatte sie im Erlebnis seiner Bekehrung schon gefunden. Die kurze Szene, wie er zusammen mit seinem Freund Karl Neundörfer – und doch jeder für sich – nach dem Verlust des Glaubens neu zu ihm durchstößt, hat gerade in der Scheu und Schlichtheit, mit der Guardini den Vorgang darstellt, etwas aufregend Großes an sich. Das Erlebnis im Dachzimmer und auf dem Balkon des elterlichen Hauses von Guardini zeigt mit der Gartenszene, in der Augustinus und Alypius den Durchbruch ihres Lebens fanden, eine geradezu verblüffende Ähnlichkeit. Beide Male tut sich Innerstes eines Menschen auf, aber im Hineinschauen in dieses Persönlichste und

15 Ebd. 85.

Verborgenste, im Hören auf den Herzschlag eines Menschen, vernimmt man mit einem Mal den Stundenschlag großer Geschichte, weil es Stunde der Wahrheit ist, weil ein Mensch von der Wahrheit getroffen wurde. Guardini war von dem Satz angerührt worden: „Wer seine Seele festhält, wird sie verlieren; wer sie aber hergibt, wird sie gewinnen" (Mt 10,39). Es war ihm ganz intuitiv in die Seele gefahren, daß dieses rettende Geben sich nur auf Gott selbst beziehen konnte. Aber ebenso war ihm klar geworden, daß da nicht Gott im allgemeinen, ungreifbar und dann zuletzt nur Spiegelung meines eigenen Wollens gemeint sein kann, sondern Gott konkret, so wie er in der Geschichte vor uns steht. „Es muß also eine objektive Instanz sein, die meine Antwort aus jedem Schlupfwinkel der Selbstbehauptung herausziehen kann. Das ist aber nur eine einzige: die katholische Kirche in ihrer Autorität und Präzision. Die Frage des Behaltens oder Hergebens der Seele entscheidet sich letztlich nicht vor Gott, sondern vor der Kirche."[16] In diesem Augenblick wußte Guardini, daß er alles – sein ganzes Leben – in den Händen hielt, daß er jetzt darüber verfügte, verfügen mußte, und er hat seine Seele der Kirche gegeben.[17] Ihm war in diesem Augenblick das geschehen, was er später als die Hoffnung einer neu heraufziehenden Zeit bezeichnete: Die Kirche war in seiner Seele erwacht. Dieser Augenblick war für ihn und seinen Freund Neundörfer zugleich der Abschied von Kant und vom Neukantianismus, dessen Eindruckskraft ihnen den Glauben hatte zerbröckeln lassen. Es war der Abschied von dem, was sie als Neuzeit empfanden, *ihr* „Ende der Neuzeit" und der Aufbruch zu neuen Ufern.

Was damals Erlebnis und Erfahrung gewesen war, begann nun, in der Krise um Wilhelm Koch, methodische Gestalt für den Weg des theologischen Denkens anzunehmen. Von jenem

16 Ebd. 72; vgl. dazu *H.-B. Gerl*, a.a.O. 42–44, die das Weiterwirken von Mt 10,39 in Guardinis Werk verfolgt.

17 Ebd. 72: „Da war mir zu Mute, als ob ich alles – wirklich ‚alles', mein Dasein – in meinen Händen trüge, wie in einer Waage, die im Gleichgewicht stand: ‚Ich kann sie nach rechts sinken lassen, oder nach links. Ich kann meine Seele hergeben, oder sie behalten ..' Und da habe ich denn die Waage nach rechts sinken lassen."

Ursprung her war Guardini klar, daß eine eigenständige und aufbauende theologische Erkenntnis nicht zustande kommen konnte, wo Kirche und Dogma nur „als Grenze und Einschränkung" erschienen.[18] Er kommt übrigens auf das gleiche Problem noch einmal im Zusammenhang mit seiner anfangs so hoffnungsvollen und dann in Enttäuschung endenden Begegnung mit dem Bonner Moraltheologen Fritz Tillmann zu sprechen. Noch einmal kritisiert er jene Art von kritischer Haltung, die für ihn im Grunde nur „ein durch Gehorsam gegen das Dogma eingeschränkter Liberalismus" war[19] – und damit Halbherzigkeit, aus der nichts Großes entstehen kann, denn so ist man weder wirklich liberal, noch kann das Dogma ein sinnvoller Faktor des Lebens und des Denkens werden. Demgegenüber setzt Guardini sein Bekenntnis: „Wir waren dezidiert nicht-liberal."[20] Das will sagen: Er und sein Freund suchten nach einem Weg, in dem die Offenbarung ihr eigenes Maß setzte, als das „gebende Faktum" der theologischen Erkenntnis dastand, „die Kirche als ihre Trägerin und das Dogma als die Ordnung des theologischen Denkens"[21]. Als Guardini dann zu

18 Ebd. 85. 19 Ebd. 33. 20 Ebd. 86.

21 Ebd. 86. Ausführlich hat Guardini dieses Programm in seiner Bonner Antrittsvorlesung „Anselm von Canterbury und das Wesen der Theologie" dargestellt, die heute von neuer Aktualität ist und als Anfrage an die heutige Theologie gründlichst bedacht werden müßte. Ich zitiere daraus nur einige kennzeichnende Sätze: „Die Kirche allein erkennt Gott, soweit Endliches den Unendlichen erkennen kann ... Was auf den ersten Blick wie Vergewaltigung alles wissenschaftlichen Denkens erschien, ist für eine tiefere Betrachtung die einzig mögliche Grundlage theologischer Wissenschaft: Eigentliches Subjekt der Theologie ist die Denkgemeinschaft der Kirche" (Auf dem Wege, 1923, S. 58). „... Theologe ist einer in dem Maß, als seine Erkenntnishaltung ausgeweitet, eingeordnet ist in die geschichtliche und gegenwärtige Ganzheit der Kirche" (ebd. 59). Die Tagebücher zeigen, daß sich Guardini in dieser Position bis zuletzt vollkommen treu geblieben ist. Ich verweise nur auf die Notiz vom 28. 9. 54 über das Mariendogma von 1950, wo es u. a. heißt: „... Einmal macht es (= das Dogma) ganz klar, daß Träger und Norm des Glaubensinhalts nicht die Schrift ist, sondern die Kirche. Und die Schrift in der Hand der Kirche. Ich habe nie anders gedacht. Die Kirche ist Prophet. Sie lehrt und verbürgt. Ihr muß man vertrauen. Alles andere ist halb und macht die Position unecht." Es ist daher eine völlige Umkehrung der Position Guardinis, wenn Messerschmid (und ähnlich K. Rahner) meint, er sei nun einmal aufgrund des Schocks der modernistischen Krise „innerhalb der damals gesetzten Grenzen geblieben". Das Gegenteil ist der Fall: Guardini war überzeugt, daß nur das Mitdenken mit dem Subjekt Kirche frei mache und überhaupt Theologie ermögliche. Vgl. *H.-B. Gerl*, a. a. O. 57f.

Beginn der 20er Jahre die theologische Szenerie betrat, fand er sich unerwartet im Klima einer allgemeinen Abkehr von der liberalen Theologie, die sich bei den führenden Köpfen von damals vollzog: Barth und Bultmann stehen an vorderster Stelle; der Briefwechsel zwischen Erik Peterson und Adolf von Harnack über die Kirche markiert ebenso wie Barths Streit mit Harnack um den historischen Jesus den neuen Anfang, der sich von vielen Seiten her zu öffnen schien.[22]

Aber davon soll hier nicht die Rede sein, zumal sich Guardini selbst wenig um diese Weggenossenschaft gekümmert zu haben scheint. Uns beschäftigt die Frage nach den Grundlagen seines theologischen Denkens und nach deren Tragfähigkeit über die Faszination seines Wortes in seiner geschichtlichen Stunde hinaus. Die eigentliche Grundlage seiner Theologie – das wollte ich mit diesen biographischen Einblendungen zeigen – war das Erlebnis der Bekehrung, das ihm zugleich Überwindung des durch Kant repräsentierten Geistes der Neuzeit wurde. Am Anfang steht nicht Reflexion, sondern Erfahrung. Alles, was später an Inhalten in Erscheinung tritt, ist aus dieser ursprünglichen Erfahrung entwickelt. Ich möchte versuchen, die Hauptkategorien kurz zu benennen, die von hier aus zum Grundgerüst für Guardinis Denken wurden.

3. Grundkategorien von Guardinis Denken – die Einheit von Liturgie, Christologie und philosophischem Verstehen

3.1 Denken und Sein

An erster Stelle ist da die Zuwendung zur Wahrheit selbst, die Suche nach dem Sein hinter dem Tun zu nennen. „Wieder

22 *E. Peterson*, Theologische Traktate, München 1951; dort S. 293–321 der auch heute noch höchst aktuelle Briefwechsel mit Harnack. Zum Disput zwischen Harnack und Barth und zur antiliberalen Entscheidung des frühen Bultmann vgl. *J. M. Robinson*, Kerygma und historischer Jesus, Zürich – Stuttgart 1960, 59ff.

scheint das Denken sich verehrend nach dem Sein richten zu wollen", hat Guardini in seiner Bonner Probevorlesung die Zukehr zu neuem metaphysischem Denken umschrieben und sich dabei besonders auf das Werk Nikolai Hartmanns berufen.[23] Der Durchbruch aus der Perspektive Kants, der sich zunächst bei Edmund Husserl vollzogen hatte, hatte sich inzwischen in der Tat zu einem Wiederbeginn metaphysischen Denkens ausgeweitet, in dessen Kontext die Konversion Max Schelers zu verstehen ist. Wenn man etwa den Briefwechsel zwischen Edith Stein und Hedwig Conrad-Martius liest, kann man sehen, wie sich in der phänomenologischen Schule und damit bei den damals lebendigsten philosophischen Kräften das Gefühl einer großen Wende ausdrückte, der Optimismus, daß nun Philosophie als Frage nach den Sachen selbst einen neuen Anfang nehme – einen Anfang, der ganz von selber in die Richtung der großen Synthesen des Mittelalters und des von ihnen geformten katholischen Denkens wies.[24] Es war eine große Stunde des Katholizismus, der einen Augenblick lang neue geschichtliche Leuchtkraft erreichte.[25]

Von hier aus hat Guardini den Disput mit der Freideutschen Jugend und der Formel vom Hohen Meißner geführt, die die Selbstbestimmung, die Eigenverantwortung und die innere Wahrhaftigkeit zum Programm der neuen Jugend erhoben

23 Auf dem Wege, S. 45. Über Guardinis Beziehung zu Scheler *H.-B. Gerl*, a. a. O. 108–114 u. ö.

24 Der kleine Band, in dem dieser Briefwechsel in den fünfziger Jahren bei Kösel veröffentlicht wurde, ist mir leider derzeit nicht auffindbar.

25 Bezeichnend ist freilich die Anmerkung, die Guardini 1923 seinem 1920 geschriebenen Aufsatz „Vom Sinn des Gehorchens" hinzufügte. Er hatte nun das Wort „der katholische Mensch" durch die Formulierung „der Mensch der erwachenden Zeit" ersetzt und notierte dazu: „Hier hat 1920 noch das Wort gestanden: ‚Der katholische Mensch'. Als der Aufsatz geschrieben wurde, konnte man das Wort ohne Widerwillen aussprechen. Es hat eine – so kurze! – Zeit gegeben, da sich in ihm jubelvolle Entdeckung aussprach, ein Zusichselberkommen des Tiefsten in uns. Jetzt hats die redende und schreibende Ehrfurchtslosigkeit ergriffen und gemein gemacht. Wenn sich nun kritische Kühle daran stößt, hat sie recht. Jetzt! Wer weiß ein Mittel, um die Heiligkeit des Wortes zu schützen? Wir werden unsere liebsten Worte verschweigen müssen!" Diese Feststellung hinderte Guardini allerdings nicht, wenige Zeilen vorher den Satz stehen zu lassen: „Katholische Freiheit – fühlt ihr, was das ist? Ich weiß nicht, ob mirs gelungen ist, zu sagen, was mir leuchtend vor der Seele steht ..." (Auf dem Wege 30).

hatte. Guardini nimmt diese Werte auf, um sie zugleich zu reinigen und zu vertiefen: Freiheit – ja, aber frei ist nur, wer „ganz das ist, was er seinem Wesen nach sein soll". Daher kann Guardini formulieren: „Freiheit ist Wahrheit."[26] Wahrheit des Menschen ist Wesentlichkeit, Seinsgemäßheit, und nun stößt Guardini direkt in den Kern des christlichen Menschenbildes vor: „Was aber ist Anbetung? Der Gehorsam des Seins! . . . So ist Anbetung der erste, für alle weiteren grundlegende Gehorsam: der Gehorsam unseres Seins gegen das Sein Gottes. Ist ein Sein in Wahrheit; ist selbst nichts als Wahrheit."[27] Man sieht, wie wenig in solchem Denken Liturgie ästhetische Spielerei oder eine Art von gemeinschaftlicher Selbstbestätigung oder von pragmatischer Indoktrination ist. Sie ist Ruf des Wesens, Weg in die Wahrheit, weil Entsprechung zum Sein. Daß Guardini darin eine Verwandtschaft seiner Zeit zum Mittelalter sah, ist im Grunde sekundär. Entscheidend ist, daß er die Offenheit zum Sein als Möglichkeit und Forderung unserer Existenz betonte. Entscheidend ist, daß Wahrheit Grundkategorie seines Denkens war und von hier aus Anbetung mit Denken zusammengehörte. Wie entscheidend diese Orientierung für Guardini in der Anlage seines ganzen Wirkens gewesen ist, kann man jetzt mit einer noch größeren Eindringlichkeit in seinem Lebensbericht nachlesen, als es die frühen Schriften gezeigt hatten. Er erläutert von da aus seinen Konflikt mit Carl Sonnenschein. Dem Wort des großen Seelsorgers „Wir sind in einer belagerten Stadt; darin gibt es keine Probleme, sondern nur Parolen" stellt er seine Überzeugung entgegen: „Echte Praxis aber, das heißt, richtiges Handeln, geht aus der Wahrheit hervor, und um die muß gerungen werden."[28] Er kommt in den Erinnerungen darauf mehrfach zurück; ich erwähne nur noch den Satz, mit dem er den Bericht über seine Vorträge in der Berliner Canisius-Kirche abschließt: „Hier habe ich mit am stärksten erfahren, was ich oben von der Macht der Wahrheit

26 Auf dem Wege 20.
27 Ebd. 21.
28 Berichte über mein Leben 111.

sagte. Wie groß, wie von Grund auf wahr und lebensmächtig die christlich-katholische Botschaft ist, ist mir selten so zu Bewußtsein gekommen, wie an jenen Abenden. Zuweilen war es, als stehe die Wahrheit wie ein Wesen im Raum."[29] Ich denke, man wird diese Erfahrungen und Reflexionen Guardinis in dem heutigen Streit um die Praxis als Maß der Theologie ganz neu bedenken müssen. Der Nachdruck, den er auf den Vorrang des Logos vor dem Ethos schon in seiner ersten Veröffentlichung, in dem kostbaren kleinen Band „Vom Geist der Liturgie" legte, war für ihn ganz und gar kein Streit um Theorien, sondern so praktisch, wie nun gerade die absichtslose Wahrheit praktisch ist.[30]

Übrigens versteht man von hierher auch, was ihn vom Maria Laacher Verständnis der liturgischen Bewegung wie auch von Klosterneuburg trennte. Daß man sich in Maria Laach ausschließlich an der Alten Kirche orientierte und das Mittelalter als liturgische Verfallszeit ansah, während Guardini sich ganz bewußt auf das Mittelalter und sein metaphysisches Denken bezog, mag zunächst als Äußerlichkeit erscheinen. Es geht aber doch sehr tief. Denn es zeigt, daß die geistigen Grundlagen nicht dieselben waren. Während für Guardini Anbetung aus dem Anspruch des Seins hergeleitet ist, der dann auf das Lebendig-Konkrete, auf das gemeinschaftliche Subjekt Kirche verweist, hat Odo Casel philosophisches Denken und philosophische Logik als mysterienfremd abgewiesen und nur nach der Gestalt (dem Eidos) des Mysterion suchen wollen, das seine philosophisch nicht zu dechiffrierende Logik in sich selber trage. Daraus ist eine gewisse Enge hervorgekommen, die keinen Sinn für außerliturgische Frömmigkeit hatte und die eine Tendenz zum Archäologischen, zur möglichst reinen Wiederherstellung des Früheren in sich trug. Guardinis Verweis auf das Mittelalter ist ganz anderer Art. Er ist nicht Suche nach

29 Ebd. 114f, vgl. 110.

30 Vom Geist der Liturgie (Erstausgabe 1917, Neuauflage Freiburg 1983) 127–143; vgl. *J. Pieper*, Noch wußte es niemand. Autobiographische Aufzeichnungen 1904–1945, München 1976, 70.

einer vergangenen Zeit, sondern Verlangen nach neuem Durchstoß zum Sein selbst, Suche nach dem Wesentlichen, das in der Wahrheit und nicht in einer vergangenen Form liegt.[31]

3.2 Der Gegensatz und das Lebendig-Konkrete: Von der Liturgie zur Christologie und zur Volksfrömmigkeit

Zusammen mit der Kategorie des Gehorsams gegenüber dem Sein haben wir nun schon ein Bündel weiterer Kategorien entdeckt: die Wesentlichkeit, die Guardini einer bloß subjektiven Wahrhaftigkeit entgegenstellt; den Gehorsam, der aus der Wahrheitsbeziehung des Menschen folgt und seine Weise des Freiwerdens, des Einsseins mit seinem Wesen ausdrückt; die Anbetung als Kern des Wahr-nehmens und Annehmens von Wahrheit; endlich die Vorordnung des Logos vor dem Ethos, des Seins vor dem Tun. Nun müssen wir noch zwei weitere Grundkategorien untersuchen, die wiederum eng zusammengehören: das Lebendig-Konkrete und der Gegensatz. Schon 1917 hatte Guardini eine Art Grundriß seiner philosophischen Intuition vorgelegt unter dem Titel „Gegensatz und Gegensätze. Entwürfe eines Systems der Typenlehre"; 1925 erhielt das Werk seine endgültige Form unter dem Titel „Der Gegensatz. Versuche zu einer Philosophie des Lebendig-Konkreten."[32] Anstelle theoretischer Überlegungen möchte ich versuchen, das, worum es mir hier geht, an einem Text Guardinis zu verdeutlichen, der uns zugleich unmittelbar von der Liturgie in die Christologie und in beider Zusammenhang hineinführt. Es handelt sich um das 1923 veröffentlichte „Gespräch vom Reichtum Christi", dessen Entstehung auf einer nächtlichen Wanderung von Bonn nach Holtorf Guardini in seinen Lebenserinnerungen dargestellt hat.[33] Mir scheint, daß in diesem kleinen und überaus lebendigen Beitrag das Geflecht von Guardinis Den-

31 Über den Konflikt Guardinis mit Laach vgl. *H.-B. Gerl*, a. a. O. 127–130.

32 Die Behandlung des Gegensatzthemas ist einer der Leitgedanken der Guardini-Biographie von *H.-B. Gerl*, auf die ich für diese Frage erneut verweisen darf.

33 Berichte über mein Leben 35.

ken so deutlich wird wie selten sonstwo. Drei Personen unterhalten sich: der Caritassekretär, der Gelehrte und der Kaplan, in denen die inneren Gegensätze von Guardinis eigenem Denken aufeinanderstoßen, während im Hintergrund der halb rationalistische Freund Windecker auftaucht, bei dem Guardini an von ihm verehrte Menschen wie Wilhelm Koch oder Fritz Tillmann gedacht haben mag, die ihm als Korrektiv und als Frage in seinem Denken gegenwärtig blieben, ohne daß sie sozusagen selbst Teil seines eigenen inneren Ringens geworden wären. Aber was zwischen den dreien ausgetauscht wird, die da beisammen sind und die jeder Guardini selber sind, ist ohnedies spannungsreich und widersprüchlich genug. Es sind drei Weisen der Christologie, die hier im Streit miteinander stehen, und nicht nur Weisen des Denkens, sondern Grundhaltungen, Formen der Frömmigkeit und der christlichen Existenz. Der Caritassekretär ist eben aus einer Herz-Jesu-Andacht heimgekommen und ist voller Zorn über so viel Kitsch und Unnatürlichkeit, wie er sie hier gefunden hat. Er ist der Mann einer kernigen und gesunden Frömmigkeit, die sich ganz vom Jesus der synoptischen Evangelien, von der herben Gestalt Jesu nährt, wie besonders Markus sie zeichnet. An diesem Jesus ist das Göttliche „so zurückhaltend, so keusch, möcht' ich sagen. Es verbirgt sich . . . Das Göttliche in ihm ist wie die Religion in einer keuschen Seele. Die errötet, wenn sie von ihrem Gott spricht . . ."[34] Dieser Jesus weist es schon als sentimental und ungehörig zurück, wenn der reiche Jüngling ihn anredet „guter Meister". Jesus will nicht, daß der Mann mit seinem religiösen Verlangen bei ihm halten, ihn zum Endpunkt seiner religiösen Bewegung machen möchte. Und nun, in der Herz-Jesu-Andacht, hört man ringsherum immerzu „Herz Jesu, süßestes Herz Jesu" . . . „und die Lieder und das Bild vorne, und das alles, da bin ich hinausgelaufen. Sagt doch, ist das Jesus? Ist das sein Geist?"[35]

34 Auf dem Wege 158.
35 Ebd. 152.

In diesem Unbehagen an der Herz-Jesu-Verehrung sind sich der Gelehrte und der Caritassekretär ganz einig. Nur ihre Gründe sind anders, und darum sind auch ihre positiven Entscheidungen anders. Den Gelehrten stört an der Herz-Jesu-Verehrung ihre Kulturlosigkeit, hinter der er eine innerste Kulturfeindlichkeit vermutet.[36] „Denn in der Herz-Jesu-Andacht herrscht nicht der Logos, sondern Wille, Liebe, das Alogon, und damit auch die ganze Gewalt des Subjektiven." Deswegen schwärmt der Gelehrte von der Liturgie, in der „alles gebändigt, durchleuchtet" ist. „Der Logos lebt darin. Die Glut ist ganz Licht geworden und das Strömen ganz Form." In all dem findet er eine wundervolle Bejahung der Wirklichkeit. „Überall steht das Opfer, gewiß, aber es scheint nur da zu sein, um die Bejahung reiner und freier zu machen: Die Übernatur selbst wird ganz ‚natürlich'... Gegensatz zu allem, was unnatürlich heißt."[37] An der Herz-Jesu-Andacht stört ihn folglich nicht eigentlich das Fehlen der geschichtlichen Lebendigkeit Jesu, sondern ihre Unnatur. „Auch in der Liturgie ist nicht so sehr Jesus von Nazareth..., sondern ‚das Wort, das Fleisch geworden ist', der Gottmensch. Aber das ist eine Überbildung aus voller Bejahung heraus. Das Jesusbild der Liturgie... steht zum geschichtlichen... wie der reine Kreis der Mathematik zum gezogenen, mit Kreide geschriebenen."[38] Da kann nun wieder der Caritassekretär nicht mit. Gegen das Irrationale der Herz-Jesu-Andacht hat er eigentlich nichts. Er fühlt sich abgestoßen durch das Schematische, das Verschwinden der Einzelheiten, des unersetzlichen Dufts, den Jesu Gestalt in den Evangelien hat, des Tons, der Farbe, der sprechenden Linie, des Leibhaftig-Frischen. „Aus dem Jesus von Nazareth, vor dem man mit hungrigem Herzen horcht auf den Klang seiner Stimme, wird ‚das Herz'! Ein ‚Das', ein Neutrum, eine Sache!" „Darum mag ich auch die Liturgie nicht... In ihr kenne ich den Herrn nicht wieder. Das ist gar nicht Jesus von Nazareth."[39] Im Gegensatz zur Keuschheit der Evangelien verklärt die Liturgie

36 Ebd. 153. 37 Ebd. 155. 38 Ebd. 154f. 39 Ebd. 158.

alles. „Das mag gut sein für den Himmel, aber hier auf Erden ...“ Der Caritassekretär ist sorgsam genug, um hinzuzufügen, daß in diesem Sinn auch das Johannes-Evangelium und die Apokalypse schon „Liturgie“ sind.[40]

An dieser Stelle setzt das Plädoyer des Kaplans ein, der in seiner Begegnung mit einfachen Menschen erfahren hat, welche Kräfte Herz-Jesu-Verehrung freisetzen kann. Er bestreitet nicht die Kulturlosigkeit dieses Frömmigkeitstyps. Aber er erinnert daran, daß Christus die Welt nicht durch Vernunft und Kultur gerettet hat, sondern durch einen Verbrechertod am Galgen. „Was wirkt und baut ..., das sind die Leiden der Verfolgten, die Opfer der Übersehenen, die Werke der Verachteten ... Und wo nichts mehr helfen kann, kein Rat und keine Kultur und kein kluges Buch, da hilft noch das Leiden, in Verborgenheit Gott dargebracht.“[41] An dieser Stelle kommt bei Guardini, der sich oft gegen den Vorwurf des Ästhetizismus und des Akademismus verteidigen mußte, ein leidenschaftlicher und geradezu revolutionärer Ton auf. Der Kaplan erinnert an die Russische Revolution, in der Urkräfte hervorgebrochen sind, die man nicht nur als Dummheit und Verbrechen abtun könne. Hier suche leidenschaftliches Gefühl den Weg zum Menschen und opfere dafür alles. „Dafür vernichtet es auch alles, alle schöne, wohlausgewogene Kultur ... Doch es wird zugrunde gehen, weil es nur Natur ist und gefallene Natur.“ Aber die christliche Antwort könnte nur ein Ur-Wille sein, der aus gleichen Tiefen kommt. „Das könnte nur eine Gesinnung sein, die reine Liebe ist ... Der Mißerfolg ist ihre stärkste Kraft ... und äußere Anerkennung und Erfolg sind ihr Zeichen, daß sie den rechten Weg verfehlt hat ... Letzte Zeiten sind angebrochen! ... Meint ihr, dann hilft noch Geschichte und Kultur? Nur eins steht da noch: Der Haß des Antichrist und wider ihn die Seele, die sich bedingungslos Gott zur Verfügung gestellt hat. Die nur eines ist und nur eines will:

40 Ebd. 158f.
41 Ebd. 161.

Liebe."[42] Der Caritassekretär: „Ja, du hast Christus gesehen."[43] In der „gesegneten Stunde" dieses Gesprächs öffnet sich das Lebendig-Konkrete, zu dem der Zusammenhang von Logos und Alogon gehört. Zuletzt ist es der Caritassekretär, der nach einem ersten Anlauf des Gelehrten die Erkenntnis der Stunde formuliert: „Unendlich kostbar ist jeder Zug der Evangelienwirklichkeit, aber wir sehen sie nur richtig im Licht der wesenhaften Wahrheit, wie sie aus der Ewigkeit her durch die Kirche in unsere Gegenwart spricht."[44]

In diesem scheinbar ganz einfachen Satz sind die christologische Synthese Guardinis, seine Theologie der Liturgie und seine philosophische Konzeption auf eine prägnante Formel gebracht; es war die Gnade Guardinis, das Große einfach sagen zu können. Der Mensch ist auf Wahrheit hin geöffnet, aber die Wahrheit ist nicht im Irgendwo, sondern im Lebendig-Konkreten, in der Gestalt Jesu Christi. Dieses Lebendig-Konkrete erweist sich gerade dadurch als Wahrheit, daß es Einheit des scheinbar Gegensätzlichen ist, daß Logos und Alogon sich darin verbinden. Nur im Ganzen ist die Wahrheit. Und nur wo die Gegensätze umspannt werden, ist das Ganze. Daraus folgt noch einmal für Guardinis Sicht der Liturgie, daß er im Gegensatz zu den in Maria Laach vertretenen Auffassungen Entwicklung und damit auch die Neuzeit, ihren Subjektivismus, als Teil des Lebendig-Konkreten und seiner Gegensätze bejahte. Es folgte daraus sein Ja zur Volksfrömmigkeit gegen allen liturgischen Exklusivismus. Für die Christologie bedeutet dies, daß kein Christusbild genügen kann, das auf Auswahl, auf Reduktionen, auf Scheidung und Ausscheidung von Quellen beruht. Ein Denken, das dazu zwingt, ist im letzten nicht kritisch genug. Es macht sich selbst zum Maßstab. Nicht unser Denken ist der Anfang, der die Maßstäbe setzt, sondern Er, der alle Maßstäbe zerbricht und in keine von uns zu formende Einheit

42 Ebd. 163. Man darf wohl gerade in diesen Sätzen einen Nachklang von Guardinis Bekehrungserlebnis sehen.
43 Ebd. 164.
44 Ebd. 165.

gefaßt werden kann. Er ist selbst der Anfang und erweist sich gerade dadurch als der Anfang, daß es nicht gelingt, ihn zu einer zusammenhängenden Gestalt zu fügen und psychologisch zu erklären. Wer Christus sehen will, muß „umkehren", muß aus der Autonomie des eigenmächtigen Denkens heraustreten in die hörende Bereitschaft, die entgegennimmt, was ist. Hier verschmilzt die Forderung phänomenologischer Philosophie nach dem Gehorsam des Denkens gegenüber dem Sein, gegenüber dem, was sich zeigt und was ist, mit der Grundidee des Glaubens, der Umkehr des Lebens ist, das sich einen neuen Maßstab *geben* läßt und von ihm her das Ganze neu versteht.[45] Erkenntnislehre wird zur Erziehung im Glauben. Diese Synthese des Denkens, das nie seinen philosophischen Ernst und die Weite der Suche nach dem Ganzen aufgibt, sondern gerade in der Radikalität solchen Fragens über alles bloße Theoretisieren hinauskommt, wird auf bewegende Weise sichtbar in den Sätzen, die am Anfang des kleinen Buchs über das Bild von Jesus dem Christus im Neuen Testament stehen und die innere Richtung aller christologischen Aussagen Guardinis ausdrükken: Vielleicht werden wir auf der Suche nach dem Bild Jesu „nicht einmal zu einer ‚Gestalt' gelangen, sondern nur zu einer Reihe von Linien kommen, die über unseren Blickkreis hinaussteigen. Vielleicht erfahren wir, daß die Himmelfahrt nicht nur ein einmaliges Geschehnis im Leben Jesu bedeutet, sondern überhaupt die Weise ist, wie Er uns gegeben ist: als in den Himmel, ins Vorbehaltene Gottes entschwindend. Aber auch dann sind die Linien kostbar: Sie sind Wegweisungen zum Über-Schritt des Glaubens; und daß sie uns aus den Augen genommen werden, begründet jenes Versagen, das uns anbeten lehrt."[46]

45 Das Bild von Jesus dem Christus nach dem Neuen Testament, Herderbücherei, Freiburg 1962, 139f.
46 Ebd. 28.

4. Epilog. Guardini und die deutsche Universität

Guardini hat es mit seiner Weise des Denkens schwer gehabt auf dem Weg ins akademische Lehramt. Wissenschaft, für die die Universität da ist, war um die Jahrhundertwende entweder Naturwissenschaft oder Historie. So hatte sich die Theologie, um universitätswürdig zu bleiben, auf Historie zurückgezogen. „Theologisch wissenschaftlich arbeiten hieß, feststellen, was die und die Zeit, oder der und der Mann über eine Frage gedacht hatten ... Was mich aber spontan interessierte, war nicht die Frage, was einer über die christliche Wahrheit gesagt hat, sondern was wahr ist.“[47] Noch auf seinem Berliner Lehrstuhl hat Guardini darunter gelitten, daß er außerhalb des Methodenkanons der Universität zu stehen schien, von der er in der Tat offenkundig abgelehnt wurde.[48] Er tröstete sich damit, daß er mit seinem Ringen um Verstehen, Urteilen und Gestalten Vorläufer einer Universität sein könne, die es noch nicht gibt.[49] Es spricht für die deutsche Universität, daß er mit seinem ganz eigenen Weg dort Raum finden und sie immer mehr als Heimstatt seiner besonderen Berufung erfahren konnte. So hat Romano Guardini nach dem Krieg in einer großen akademischen Rede über die jüdische Frage mit Leidenschaft die Universität verteidigt als den Ort, wo nach der Wahrheit geforscht wird; als den Ort, wo menschliche Dinge an den Maßstäben der großen Vergangenheit gemessen werden; als den Ort der wachsten Verantwortung für die Allgemeinheit. Er hat die deutsche Universität verteidigt, auch weil er ihren Zusammenbruch im Dritten Reich erlebt hatte, der aus dem Rückzug in die scheinbare Voraussetzungslosigkeit und aus der Verdrängung der Wahrheitsfrage durch die geltende akademische Methode mit innerer Konsequenz folgte. Aus dieser Erfahrung und aus dem Wissen darum, was Universität sein kann und sein muß, hat er damals mit einer beschwörenden

47 Berichte über mein Leben 24.
48 Ebd. 41.
49 Ebd. 46.

Leidenschaft, die ihm sonst ganz fremd zu sein schien, gegen die Politisierung der Universität und ihre Überfremdung durch die Regie der Parteien, das Gerede der Versammlungen, den Lärm der Straße Stellung genommen und seinen Hörern zugerufen: „Meine Damen und Herren: Erlauben Sie das nicht! Es geht um etwas, das unser aller Gemeinsames, die kommende Geschichte betrifft.“[50] Noch einmal: Es gehört zum Ruhm der deutschen Universität, daß Romano Guardini in ihr seinen Raum finden konnte und sie als seine Heimat angesehen hat. Sie hat sich damit nach den Beschämungen des Nationalsozialismus als offene Stätte jeder großen und ernsthaften Suche nach Wahrheit rehabilitiert. Aber die Gestalt Guardinis, sein Denkweg, bleibt eine Frage an die Universität, deren Studierenden man heute wieder und verstärkt zurufen muß: Erlauben Sie nicht, daß die politische Leidenschaft das freie Wort der Suche nach der Wahrheit erstickt. „Erlauben Sie das nicht!“ Guardini bleibt ein Maßstab unserer Universität, und uns allen muß daran gelegen sein, daß sie diesem Maßstab auch heute und morgen standhält.

50 Verantwortung. Gedanken zur jüdischen Frage, München 1952, 41.